*Josephine 90*分 著

女神覺醒之路

推薦序

以更高視野，重新體會充滿隨機的人生常態

昌鑫建設董事總經理　徐永昌

當我看到書名的當下，我疑惑了。關於女神覺醒，要如何與我搭上關聯？但基於腦中這些問號以及本身對作者跳躍形式的心靈認知下，我繼續看了下去……隨後我便迎來了會心一笑。

以我的觀點來說，神未必要是女性，或可說是——Josephine 透過冥想、反思、經歷、觀察與沉澱……等過程，將大量的心靈旅程汲取而成她靈魂中所接收、過濾或爆發出來的一系列成果。Josephine 將這些成果具象爲文字，而這些文字則化爲人們所熟悉的女神形象，覺醒成形。

每個人從出生到死亡的旅程，充滿了大量的隨機，但隨機的集合卻是常態。感受天道、認真生活，珍惜每一個你能思考的瞬間，我們終究能製造快樂並享受人生。大量的心靈旅程與自我觀察，有助於我們以更高的視野去看待這充滿隨機的人生常態。當我們看的角度越廣，心就越開闊。或許屬於你自己的守護神便翩然而至了?!

建議各位好奇的讀者在閱讀這樣的書時，保持好奇與開放的心情，自由的、隨意的開始與結束，不要想一口氣看完它，也不要限制任何一頁的閱讀次數。即便是在隻字片語之後，亦可隨時放下書本，轉身投入自己的生活。透過在書中的觀察，很可能會讓自己感受到其他屬於自己的片段，請隨手記錄下來，累積一定數量之後再回頭觀看，或許屬於你自己的女神或男神，也就覺醒而出了呢？

祝福各位手握此書的讀者，雖然我們不曾見面，但卻相遇在這段文字之中。

我是快樂的，願你亦然！

作者序

女神覺醒之路——你就是你問題的答案

當我完成《覺醒是與當下共舞》一書，宇宙的神聖智慧不待我的第一本著作正式出版，旋即給了我新的指引。而這份指引，就是現在你手上的這本書。

祂們是來自宇宙深處的神聖智慧，化身爲人類眼中的女神形象。祂們的存在，能夠引領我們以無畏的勇氣與雋永的智慧，穿越生命的狂風暴雨。

無論是糾結的情緒、傾斜的身心、掙扎的關係，或求不得與愛別離，女神的智慧都能夠協助我們穿越生命中的破碎與完整，重新看見你本自具足的完整與光明。

而關鍵在於，你的意願與允許。

當你是敞開與接納的，女神的無邊智慧會傾聽你的呼喚，並給予最適切的回應。

§

風格鮮明的宇宙閨密

女神是第五界的能量，因此在收訊過程中，我時時能強烈感受每一個女神鮮明與獨一無二的風格。

威猛如女戰神杜爾迦。當祂的訊息流瀉，彷彿有來自一千個強力綻放的太陽，以光芒萬丈的強烈光柱，金光閃閃的照遍你全身，帶來無與倫比的光明電力。而這份力量的來源不是外來之物，而正是我們內在閃耀的光明。

在接受蓋亞女神的訊息時，我則被攬入蓋亞母親寬闊厚實的臂彎，融入那自然的脈動與四季更迭的流轉之中。人類的眼界讓我們容易縮限於限制性的理解，傷春悲秋或以管窺天。而蓋亞的訊息卻如同星辰大海，召喚我們回歸內在純眞的狂野，以更大的視野，活出陰陽平衡的完整。

愛西斯女神的訊息則是另外一種。對我而言，祂的冰雪智慧是一針見血的明晰，像是你慧黠又見過世面的閨密。論愛情、談婚姻，還有如何活出自己，祂都有不拖泥帶水的清澈洞見。而這份洞見，是出於能夠全然去愛的熱情，與對自己內在全然的忠實。當你能夠全然去愛，熱情的另一面就是雲淡風輕的冷靜，而它們全都被安好地整合於愛西斯的神聖智慧之中。

還有卡利女神嚴厲的慈悲。那像是一道犀利的閃電，精準擊中你原已傾斜的屋頂，逼你直視那搖搖欲墜與分崩離析的內在空間。是的，當你準備好轉化、提升，與前往生命的下一個階段，黑色聖母的愛是準備好給你的。

而被我視之爲神仙媽媽的綠度母，則陪伴我度過那些似乎深不見底的靈魂暗夜。在每個我覺得自己因爲心碎而即將墜落的邊緣，祂總是溫柔地接住我，要我交託出所有痛苦，直到我內在的狂風巨浪又能復歸平靜。綠度母媽媽讓我深刻體認，當每一次痛苦的感受升起，都是我們能修練慈悲與練習臣服的偉大機會。學會原諒他人，原諒自己；學會點燃心燈，穿越暗夜。

哈索爾女神的能量，則讓我感覺充滿美。輕盈卻又充滿力量，既是母性的豐饒滋養，也是少女的靈動曼妙。祂讓我感受多元流動的陰性能量，是如此不受拘束的自由自在。如同一個人的角色扮演，不該是遵從某種範型的應然，而是隨順狀態去流動的美。因爲付出與接受，行動與承接，它們原是同一股能量的不同表達。而當我們能自由的表達與流動內在的能量，豐盛即是我們能夠活出的實相。

而隨順個人成長的旅程，我們內在的靈性團隊也會隨之改變或擴充。聖母瑪利亞與龍族的能量，即是隨著我的靈性旅程而加入的神性智囊團。聖母瑪利亞的慈悲是無傷的智慧與沒有強迫性的愛，而無爲與無傷，卻能帶來自然的轉化。因爲，有時候力量的展現並不是透過期待、推進，或陽性的行動；相反的，眞正的力量有時只是因爲單純的愛。

沒有試圖改變，沒有期待你成爲某個樣子，而只是承認你之爲你的眞實。光是純粹之愛的存在，卽能讓臣服與轉化自然發生。

在接收訊息的過程中，我感覺觀音的能量既非陰性，也非陽性。不陰不陽，而是亦陰亦陽，是一，是海涵了所有的一。那麼，爲什麼觀音也是此書中的客座女神呢？

事實上，所有此書分享的女神訊息，都來自從天而降的指引。我並沒有特別請求：「某某女神啊，請給我訊息。」而是當我靜下心來叩問：「現在是誰呢？」指引與訊息卽如同瀑布般順流而下，帶給我們或醍醐灌頂的清涼，或金光萬丈的光芒，或者廣闊深邃的愛。

而觀音來了，正是要在這裡分享關於覺醒的道途，不在遠方，就在當下。不在汲汲營營去追求外在的成爲，而是撥開面紗去看見你已然如是的完整。

§

女神是神聖能量的集合化身

你可能會疑惑爲什麼訊息裡，女神們時而會以「我們」的複數型態來表達。首先，這的確是我感受到的訊息，祂們不是單數而是複數。第二，我想這些宇宙的神聖存有，祂們或許並不是我們以爲的那個制式形象，因爲所有形象都僅是人類心念意識的投射。你想看到什麼，你就會看到什麼。

這些宇宙神聖存有是高頻的意識形態，以一種集合的能量，顯現爲我們眼中的女神。當我接收訊息時，祂們於我不僅是廟堂裡的神明，或是某個神話故事裡的神仙，而是一種集合式的神聖能量，帶來愛與慈悲的洞見。

而當你翻開這本書，相信我，也絕非偶然。而是你已經準備好接收這些要與你分享的訊息。

你已經準備好要揭開面紗，去看見更大的眞相。

你已經準備好摘除濾鏡，那些阻擋你去看見自己就是愛的限制。

你已經準備好撤除藩籬，因爲它們縮限你活出更大的豐盛。

你也已經準備好覺醒，以更大的勇氣去活出全然的自己。

覺醒之道千千萬萬種，有多少人就有多少種覺醒的法門，而《女神覺醒之路》是獻給與此相應的靈魂。

當你感覺孤獨，不被理解，茫然不知所措，或者受困於人生的各種困境煩惱；別忘了，你永遠可以尋求神聖智慧的指引。

此篇章中的女神們都不是高不可攀的神祕神祇，而是你可以隨時叩問的對象。

祂們要給予的教導，也不是要你把自身力量全然交託的崇拜，而是幫助你看見：

你自己就是你所祈求的力量。

如何使用本書：脈輪覺察與占卜之書

閱讀本書時，你可以循序漸進，從蓋亞到觀音，從下至上，順序清理與擴張你的內在能量系統。你也可以跟隨內在的直覺，選擇你內心有所回應的女神，進行相關的連結與練習。

關於脈輪的覺察，你可以依循自己的直覺，與相應的女神們合作。例如：你可能覺得除了綠度母，聖母瑪利亞亦能觸動你對心輪的感受，那麼，請信任自己的直覺。事實上，女神們的神力都是無遠弗屆的愛，精微體的奧妙又豈能以單一脈輪相對單一女神侷限觀之。請傾聽自己內在的眞實之聲，活出練習，而不是拘泥於練習。

你也可以將本書當成占卜之書。先安靜下來深呼吸，然後提出你的問題，然後以非慣用手翻閱本書，最先映入眼簾的字句，就是女神要與你分享的洞見。

想像你有一群宇宙神聖閨密無時無刻的支持，既溫柔又強大。

是的，親愛的你不孤單。

然後別忘了，女神給予的指引，最主要是協助你看見：你就是你問題的答案，你就是你黑暗裡的光。透過女神的召喚，我們回到內在，找回自身的力量，並以覺醒之道活出屬於自身的豐盛與喜悅。

愛你們，獻上祝福。

Joséphine 90分

目次

二、卡利女神 *Goddess Kali*

三、杜爾迦女神
Goddess Durga

四、綠度母
Goddess Green Tara

五、哈索爾女神 *Goddess Hathor*

六、愛西斯女神
Goddess Isis

七、聖母瑪利亞 *The Virgin Mary*

八、觀音 *Goddess Guanyin*

結語

I

—蓋亞女神—
Goddess Gaia

一、蓋亞女神

#母親之愛　#看見自己的完整　#自然而然的給予
#節制　#寬闊的慈悲　#善待自己

以自然之道活出完整

我們是滋養與生長一切萬事萬物的大母神，我們是創造源頭能量的顯現，我們護持這個星球的存有，並給予其合適的安頓之所。我們是支持與保護，因為我們很豐盛，因為愛到滿溢而能給予。

我們與你們共生共榮，形成一個更大的意識，那意識中有你、有我、有我們。你們的悲傷有時候是我的悲傷，你們的憤怒有時候是我的憤怒，你們的平靜有時候也是我的平靜。

當你轉換意識不是僅關注自己，而是關注這片土地與這個空間的萬有生物，你就是將意識與蓋亞連結，你就是在擴展自己。

與蓋亞連結，將協助你超脫個體意識的偏狹與侷促，並獲得內在空間的擴充與滋養。

蓋亞精神：成為野生的人

無論你是否知覺，蓋亞女神始終照護著你，因爲人類正是被蓋亞所滋養的生靈。無論空氣、花，與水；無論食物、山川，與土地。那些亙古以來即以富饒餵養我們的，正是蓋亞的愛。

在希塔療癒「上七」與造物主連結的過程中，很重要的一個步驟，就是將意識連結地球中心，亦即蓋亞的核心。在領受蓋亞母親滿滿的愛之後，再將意識通過我們身上的脈輪中心，往上連結到至上意識。

爲什麼「上七」要與地球中心連結呢？因爲地球是我們立足於此處的基礎，是我們在這個生世能夠充分顯化與創造的錨點，是我們在這個次元的家。

蓋亞是星球，也是有意識的神聖存有。祂與我們做爲這個生世的人類化身是高度連結的，我們無須透過冥想，就能感受蓋亞女神的信息。可能是在森林中輕緩的散步，觸摸樹木翠綠的枝椏，深深浸泡在海水中，聆聽樹梢鳥兒的歌唱。

只要安靜你的心，你會聽見蓋亞的低語，你會感受蓋亞的愛是如此直接、厚實，與自然的慈悲。

所謂自然的慈悲，是看見更大眞相的智慧；而這是我在接收蓋亞女神訊息時，最常被醍醐灌頂的感動。

人類肉身區區數十年，我們時常困頓於短暫的悲歡離合，迷惑於命運的陰錯陽差。然而就蓋亞悠遠的智慧而言，那只是因爲我們沒有看見眞相所導致的痛苦。

眞相是：落花不是無情物，落花是生命循環的一部分，而落花與盛開同等重要。眞相是：如果我們歡慶盛開，讚揚盛開之美；那麼凋零也同樣值得慶祝，因爲凋零也是美麗的。

自然的完美並不是根據任何外在的觀點，而是依循內在智慧的節奏。自然的完美不是我們頭腦以爲的好壞取捨，是非黑白。

自然的完美是看見，所謂好壞與黑白都成就了整體的完整。而完整，就是完美。

這種由寬闊視角所生出的智慧，是蓋亞母親隨時準備好要與我們分享的教導。前提是：我們是否願意赤裸地敞開自己？蓋亞女神歡迎我們的赤裸，即使是揭露我們自身最陰暗與最晦澀之處，蓋亞女神也會張開祂寬闊的手臂，承接我們的脆弱。

植物與動物都是蓋亞的信使，山川海洋無不包含於蓋亞的臂彎。所以當我們親近自然，就在與蓋亞對話。當我們愛護這片土地，就在與蓋亞連結。而這份對話與連結的能量，不僅會回饋給蓋亞，也會同步滋養我們的身心靈。

「活出蓋亞精神」是成爲一個野生的人。「野生」所指的是你本自具足的完整，不待外界加油添醋。

當你能看見你本來就是完整的，那份對於完整的覺知，會協助你融合內在的陰陽能量。而因爲內在韻律的和諧，你自然能活出自成一格的豐盛。那是穩定扎根，堅定而溫柔地立足於你所在之處，向下落地，而後向上延伸的豐盛。

以意識連結，請求就回應

「腳踏實地」不僅說明一種態度，它也是能帶來療癒的一種方式。

大地，也就是我們的身體，蘊藏了許多能夠帶來滋養的能量，緩和脈衝，吸納不需要與無法承擔的情緒；並透過電磁的交換與轉換，提供能夠煥然一新的輕盈。

赤腳踏在土地上，親炙土地的能量，將有助於訊息場的交換與更新，那將協助整個能量場都更平衡，更有力量。

而這也是蓋亞對你們的慈愛。當你覺得心有冤屈，有許多情緒需要宣洩，卻又無處抒發，你永遠可以踏上我們的身體，以逆時鐘的方式繞行，將你需要排解的情緒透過這個步行的方式釋放。

而當你只是單純地想要運動與活絡身心，則可以順時鐘的方向步行，將你渴望吸納的能量，以正旋的方式引導到你的身體。

當你能有意識的這樣做，你就正在與土地連結，而土地會回應你的意識。你與我們的連結從來不是複雜或遙不可及的事，因爲你們正是由我們所生出，我們永遠在等待給予你們所請求的。而前提是，你們要請求啊！你的請求就是以你的意識去連結，而你對於蓋亞的請求必然得到回應。

§

豐盛是不為什麼而給予

豐盛不是「爲了什麼」而給予，豐盛是「不爲什麼」而給予。

豐盛是一種本身已經滿溢豐足的狀態，因此必須流淌與流瀉的品質。

當你是富饒的，富饒是你唯一能夠分享與給予的，因此那個分享是自然而然與毫不勉強的。

植物們開花，不是爲了博人欣賞，而是因爲它們在自然的循環中綻放。一片葉子的落下，並不是爲了令誰感傷，而只是時間到了，完成一件該做的事。山洪暴發並不是爲了有意帶給誰傷害，而只是能量平衡的自然而已。

那個美，不是爲了誰的讚美。那個所謂恐怖，也不是爲了誰的恐懼，而只是一切自然的前進與擴張，一切都在不斷變化中不斷生成。而那無關乎你的偏好、喜歡，或討厭；

那是自然。而自然的律動，無論是花開花謝，日升月落，都是豐盛。

你以爲豐盛只是秋天的果實嗎？豐盛也是寒冬的大雪。

你以爲豐盛只是日初的上升嗎？豐盛也是夕陽的墜落。

你以爲豐盛只是嬰兒的呱呱落地嗎？豐盛也是你們的老去與死亡，所有的一切重新復歸塵土。

豐盛是自然的律動與生成，而在一切自然的造化中，一切無不是豐盛的顯化。而這無關乎你的偏好，無關乎任何原因，因爲豐盛就是自然，就是流動的奔放，是靜止的一。豐盛是你能敞開去順應自然流動的智慧。

所以你的豐盛是爲了什麼嗎？如果如此，那個豐盛裡面仍有欠缺，仍有你需要進一步循線探索的東西，因爲那樣的豐盛是不純粹的。而不純粹的事物，必然因爲其雜質所產生的阻力，而影響豐盛的擴張與全然的盛開。

讓你的豐盛全然盛開，那麼請不要爲了什麼而豐盛。意即不爲什麼而給予，不爲什麼而付出，不爲什麼而閃耀你內在的眞實。因爲那僅是自然的，當你歸於本心，當你腳踏大地傾聽靈魂的聲音，做出你眞正會做的行動。

花朵的盛開不是爲了取悅誰，日月星辰的閃耀也不是爲了讓誰歡喜。但花朵的盛開與日月星辰的閃耀，已然令你喜悅了，不是嗎？

讓你的豐盛不帶有目的，而是一種全然活出的品質。

§

唯有當你是貪婪的，資源才會有限

自然的一切資源，無不是能爲你所用，這是蓋亞的慷慨。然而若是你的使用超乎你所需，那便是貪婪。

貪婪是沉重的能量，貪婪將使你們遠離自身的中心，無法順暢連結大地與日月星辰，那個你所來自的地方。

當你們有智慧的使用，讓這份使用成爲美善循環的一部分，那麼豐盛是信手拈來就能夠創造的品質。濫用是超過了使用的需要，看起來是多的，但這個「多」的本質，卻是缺乏。

豐盛是知道剛剛好，是知道一切充分有餘，所以你不需要多取。資源不是有限的，唯有當你們是貪婪的，資源才會有限。當你們每個人都剛剛好的拿取你所需要的，而不是想要的，資源絕對夠你們豐盛有餘。

你愈貪婪，資源愈有限。因爲當你愈是抓取，你的貪婪與恐懼意識，已經讓一切你所能感知的現實變得緊縮與緊張。相反地，分享是能夠帶來豐盛的意識與行動，因爲愈分享會愈多，愈貪婪則會愈少；愈敞開愈豐盛，愈緊縮愈缺乏。

那些看起來你隨手可及的風、水、土、火、空氣，其實是剛剛好夠你們所用的恩典。而這些元素外顯於世界的不平衡，其實是反映了你們內在這些元素的不平衡。

你若希望體會一個平衡的世界，那麼，你應該致力於自身體內的平衡。而這些元素的平衡，不僅有賴於攝取健康與均衡的飲食與飲水，也有賴於你們情緒體的平衡。你的壓抑、沮喪、憤怒、恐懼與悲傷莫名，都將引動體內這些元素的失衡。

火山爆發難道只是因爲地殼變動與擠壓？它們也是你們內在情緒的翻攪與躁動；狂風巨浪難道只是關於海與風的咆哮？它們也是你內在水與風元素的征戰與衝突。你與自然是相連的，你與我們是相連的，你們的憤怒將共振我們，你們的沉重將使我們沉重。我們創造了你們，而你們也在重新創造我們；因爲你就是造物主的一部分。

身爲神聖意識的一部分，你們要有意識地運用你的力量，而不是濫用與沉淪。那些濫用自己、濫用土地、濫用自然的一切，都是沉淪。

而集體的沉淪，將導致地球無法輕盈的順利揚升，這是我們做爲創生之母所不樂見的。因爲這有反宇宙奧祕的揚升計畫，而我和你們都屬於更大奧祕的一部分。

親愛的孩子啊！不要沉淪了，醒過來。看清你自己不是獨自存在的，而是更大整體的一部分。請展開自己去連結、去體會，你終會看見你個人不僅是你個人的，而是與整體緊緊相連。我們是一體的。

§

節制的美德

節制的美德來自於對生命的謙卑。因爲珍惜而不多取，因爲同理而能夠善用。

這份節制不是緊縮與吝嗇，而是慈悲。出於慈悲的節制，將使你們的路能夠走得長久，能夠匯集更多志同道合的夥伴，走上屬於自己的道路。

節制地運用你的能量，不濫用，而是有智慧的運用與分享。將你的能量與能夠珍惜的人分享，而不是消耗於無益的對象與無明濁氣的人際關係。

過度運用能量，超出負荷去勉強自己，有時候也是對自己的不珍惜。而當你對自己不珍惜，又如何能眞正同理地去珍惜別人、珍惜我們？

節制地運用你的金錢，不浪費，投注於你眞正的熱情，並使這份熱情能夠裨益他人，帶來擴張、提升，與潤澤。金錢是物質顯化的一部分，你們常以爲豐盛就是多多益善；但豐盛不是多，豐盛是自由。當你多而不自由，多而被限制，那是緊縮，而不是豐盛。

節制地運用你的情緒。情緒是寶貴的資源，是引領你們認識自己眞實面向的引子，覺察你的情緒，而不是發散它們。覺察使你們知道如何引導情緒順流而行，而不是淤阻或者失控爆發。

節制地運用你的言語。言語是情緒與意識的載體，你說了什麼，就是在傳遞什麼；你傳遞什麼，就是在顯化什麼。對你的言語保持覺知，讓你能夠有意識地知曉你在創造什麼。禍從口出是眞的，當你口不擇言，口吐妄語，抹黑或者八卦他人，都是對於言語的濫用。有智慧的節制你的言語，說能讓植物開花而不是枯萎的言語；讓你的言語散發芬芳，而不是惡臭。

節制地運用你的時間。時間是虛幻的，但不代表你可以濫用。因爲你所珍惜的時間屬於你，被你所濫用的，也屬於你。你花時間做什麼，時間亦將反饋於你。「節制運用時間」意味著：你知道自己，你知道生命的優先順序為何，你有意識地創造，而不是淹沒於時間的沙漠。

§

寬闊的慈悲：靈魂有時候需要狂風暴雨

慈悲不一定是你以爲的樣子。

慈悲是風平浪靜，慈悲也可能是狂風暴雨，端看那個時候需要的是什麼樣的慈悲。

慈悲是以愛爲前提的因時、因地制宜，是寬闊地站在靈魂的角度，而不是頭腦的行動。

你的頭腦覺得，如果事情不符合你所期待運作的方式，就會惱怒挫折；但靈魂知道，現階段你需要的可能是一場即時大雨，才能洗滌身上的塵埃。

陽光普照是你頭腦的欲求，因爲那看起來最春風得意，但是寬闊的慈悲，是看見此時此刻的風雨是必要的。那些世人讚頌或偏好的陽光，反而不能帶給你們進化。而進化是靈魂的渴望，那是蓋亞所護持的慈悲。

所以，當你面對讓你感覺痛苦的挑戰與挫折，不要只陷溺於你頭腦的恐懼與擔憂，而是試著問問你的靈魂：「這一切爲何會發生？」、「有什麼我需要的會透過這個發生來到？」、「這一切發生的目的是什麼？」請你叩問，然後傾聽靈魂的答案。

有時答案會呼之欲出，有時會需要一些等待，但是這個等待是値得的。因爲當你知曉這一切爲何會發生，你就更能心平氣和的面對這一切所要帶給你的洗禮與成長。或者，你也可以和你的靈魂溝通與協商，是否能用其他方式，依然能夠達成靈魂的進化與成長？然後聽聽你的靈魂怎麼說。

要明瞭的是，靈魂知曉一切的發生都是爲你「好」，而這個好是基於更寬闊看見的慈悲。站在靈魂的角度，有時候天天晴反而是在繞遠路，但你的頭腦可能會非常享受陽光普照的安逸。有時候，風雨對靈魂的進化是必要的，正如同雨水之於植物。靈魂需要透過體驗來學習、整合，然後再次體會自己的完整，與愛的本質。

這種寬闊的慈悲，不僅會發生在你個人的生命，也體現於所有你看見外在的現象。那些地震、洪災，或乾旱，有時候是大自然的反噬；自然的憤怒在對你們說話，表達對你們貪婪與不珍惜的憤怒。有時候則是基於更寬闊的慈悲，因爲對於自然與靈魂來說，即使死亡也不是不好或醜惡的。死亡如同生命本身一樣，都是自然與美的，一切都是好的。因爲這一切都僅是自然的一部分而已。

當你能擁有超脫頭腦好壞二元性的觀點，你會看見更大的眞相，那是寬闊的慈悲所要帶給你的眼界。這種寬闊的慈悲是智慧的顯現，是超脫頭腦的偏見，是你靈魂所見。

§

報復與原諒

報復是很沉重的能量，沉重到會困住你，而成爲你的命運。然而一旦報復成爲你的命運，你將只有苦澀。

報復是基於「以牙還牙，以眼還眼」的概念，但這個概念是短視的，因爲未能看見更長遠的觀點。

一朵花的凋謝不只是一個晚上的事。它涉及鳥兒的飛翔與遷徙，因此帶來一顆種子的落地，還有蝴蝶的穿梭、蜜蜂的工作、風的輕撫、陽光、空氣和雨水的結合。一切自然和合，因此成就花開了、花謝了、花凋零了。

你們以短暫的時間來看見的現象，是短暫的；然而如同花朵的凋謝不是一個晚上的事，而可能是跨越不同時空的事。你怎麼能以短暫的現象，來判斷這是你需要報復的？花朵的凋謝是要報復風吹落了它嗎？還是要報復冬天的蕭瑟？或者，那只是生命循環的自然。

生命中的所有發生都是層層堆疊、千絲萬縷的生成，沒有一個是置身於另一個之外，一切都是環環相扣的完美。而你要報復什麼呢？

報復是頭腦的遊戲，是囿限於短暫的現象而引動的短視與行動。當你只看見現象，你會感到痛苦與憤恨；然而你若是看見了更長遠的變化、更寬闊的畫面，你會看見愛與包容。

就你們的角度，火山爆發或許是恐怖的，但就自然而言，那可能只是一個需要的安排。火山爆發帶來營養的土壤、溫泉的滋養，以及能量更新的釋放與轉化。

當你拉長了時間的軸線，站在更高的觀點，宏觀會讓你看見個別的發生都無關乎好壞，因爲有超越這一切之上更神聖的秩序。而你們卻困頓於某一個片段的發生，走不出你頭腦裡不斷複誦而變得誇大的故事，讓自己的人生受苦。

報復是因爲失去，一種被剝奪與被傷害的感覺。但這個感覺其實是呼應了你心中對愛的渴求。所以愛才是你要的答案。

眞正能撫平你痛苦感覺的良方，不是複製你的痛苦於他人身上，因爲當你這樣做，痛苦會加乘爲更大的痛苦，而你加諸於他人身上的，終將會返回你自己。解藥永遠是回應你內心最深層的渴望，而那是你對愛的呼求。

蓋亞的智慧不會要求你原諒，因爲蓋亞沒有原諒的概念。就蓋亞而言，沒有眞正需要原諒的事物，因爲一切的發生都是自然的。

生命與死亡、日升與月落、山洪暴發或者平靜的湖面、副熱帶氣旋或者冰山融解，一切都是自然的。

你們以爲的反常不是反常，因爲現象只是回應你的意識、你的起心動念，與你的行動。如果你帶著沉重、粗暴或報復的意念行事，你的日常不會是如沐春風的平靜。

沒有需要原諒的事，是因爲你看見了全貌。你看見每一個發生與角色，都有他們的應然與必然。你不能責怪山洪爆發淹沒了你的居所，山洪不是惡，你的靈魂也知道你不無辜，一切的發生都基於一個更大的原因，而只是你沒看到。站在靈魂的角度，這是生命需要也同意的體驗，而你卻爲此困住自己而不能原諒？

因爲究竟而言，無論你原不原諒，自然造化的一切都已經發生。你不能原諒的無論是什麼，就你們的時間軸而言都是過去，所以你是在埋怨一種「既成」的狀態。

但改變永遠是發生在當下的，發生在此時此刻，那意味了你寧願放棄能夠改變的現在，而將你的憤怒與痛苦繼續放在過去。報復是頭腦的遊戲，是人爲的意識限制住自己的自由。

所以，就蓋亞的角度，「原諒」無關乎任何道德或情操，只關乎你是否看見眞相。眞相，是宇宙一切的發生，都和你的原諒無關，而僅和你自己的生命品質有關。你不原諒的事物，不會因爲你原諒與否而變得不同；但你生命的品質，則會因爲你是否原諒，而決定能否展開新的篇章。

當你陷於頭腦的遊戲，你會報復，你無法原諒，但那終究無法改變你希望改變的人事物。

大樹不會糾結於那朶從它枝枒上墜落的花，它不會跟風討公道，或者抱怨冬天的大雪，它會知道那朵花的墜落將化作來年的春泥，重新成爲這個美妙循環的一部分。

你要讓經驗成爲你的滋養或阻礙，取決於你是否能跳脫頭腦的遊戲。看見自然的一切比你頭腦的期待大得多，而你卻要自然一切的發生跟隨你頭腦的期待?放過你可憐的頭腦吧！把你自己從縮限的小我心智解脫出來，而這無關乎原不原諒，無關乎他人，而僅關乎你想要活出多少的自由與喜樂。

§

沒有任何的你是不好的

允許適當的休息，而不是急著趕路。

允許人生的低盪，而不是永遠處於高峰。

允許全然接受自身的脆弱，而不是永遠必須勇敢。

這個對於幽谷、黑暗、低盪的允許，是你能給自己最慈悲的擁抱之一。

宇宙並沒有要求你們永遠看起來好好的，因爲卽使在你們覺得自己很糟糕、很虛弱的時候，在神聖存有的眼下，你們仍是完美的。

在我們看來，沒有任何狀態的你們是「不好」的。認爲自己是不好的、錯誤的、缺乏的、不足的，是你們的小我心智，不是宇宙神聖存有看待你們的觀點。

而爲什麼你們要這樣看自己呢？當然，其中有爲了達成靈魂進化所進行的設計與安排，但現在、此時此刻，已經是你們可以解除這些限制的時候，去看見自身的一切本來就是完整與充足的。你們要做的，僅是將那些阻礙你看見自己已是完整與充足的阻礙移除而已。

所以，當你覺得自己很糟糕時，請接受自己當下的狀態，如其所是的接納自己的樣子。

潮起是因爲潮落，你們對於春天的渴盼，也是因爲有冬日的寒風。陰陽共生共存，陰陽互爲一體，那是同一個圓的不同部分，但它們都是一。

所以，有什麼好不能接受自己的脆弱、自己的陰暗、自己的茫然呢？那都只不過是你的堅強、你的光明、你清明透澈的一部分。

接納所有的你，看見每一部分的你都是「好」的、完美的。你能愛你自己的夏天，同時也愛自己的秋天嗎？每一個季節都是美妙與必須的，因爲它們構成了更大生命週期的一部分，每一個部分的存在，都是適得其所的完美。

完美的概念並不是你們小我心智的想像，完美只是因爲一切都平衡流動的完整。

高低起伏不是完美的標準，你喜歡或你討厭的也不是。完美如果可能，那是因爲完整，而完整之中包含了所有不完整。

落葉構成了秋天的一部分，落葉因此是完美的：死亡構成了生命循環的一部分，死亡因此是完美的。你曾經受過的傷、流過的淚，如果因此成就了你當下的瞭然與明白，那麼那些你曾經的痛苦，也是完美的，因爲它們所有，都構成了你的完整。

§

死亡：沒有一棵樹會哀悼落葉

在人類世界中，死亡普遍被視爲陰暗恐怖，是值得哀悼的憂傷。因爲死亡喚起了你們對於與源頭分離的悲傷，那永恆失落於伊甸園的痛苦。

但是今天要給予你們的祕密是，伊甸園並不是置外於你們遙遠的地方，與至上意識合一之處就在你們之內。啓動你的內在門戶，你們便能夠開啓那路口。那是你們每一個人都能夠透過向內，走得更深而迄及的家。

恐懼斷裂、恐懼分離、恐懼失去，一直是你們靈魂深處最大的恐懼之一。這種恐懼引發了你們總想拚命向外抓取，以試圖回應內在不安全感的各種感受。

然而，如果你知道，你們終究是不會失去的，你還會那麼恐懼嗎？如果你始終知道你與源頭本質上是相連的，你永遠有靈性的 GPS 可以定位你與源頭的關係，你還會透過各種抓取、控制與擁有的概念，來試圖讓自己感覺不會迷失嗎？

沒有一棵樹會哀悼葉子的墜落，它不會因此抱怨或感傷；因爲落葉不是離開了大樹，而是返回我們大地之母的懷抱，成爲整體循環的一部分。透過返回本源，落葉又再度滋養與擴充了整體。

樹木對於落葉不會哀傷或緊抓住不放的原因，是因爲樹木看見了眞實。眞實就是：沒有一片葉子是眞的離開，它們只是返回了本源，然後再度成爲能夠給予大樹力量的一部分。它們不是離開，而是回來。

你們對於死亡的抗拒，就是對於整個循環的抗拒。然而這個抗拒終將無濟於事，因爲自然的循環不會因爲你個人的抵抗而停止運動。臣服於自然的律動，並不是迷信或盲從，而只是知曉事實，而自然的事實就是眞理。

就更大的意義來說，死亡與誕生同等重要，枯萎與綻放同等重要，因爲它們同時構成了整體循環的一部分，沒有誰能夠被缺少。

如果你們慶祝誕生，爲什麼要哀悼死亡？死亡從來不是眞的離開，而只是回來。回到你本來之處，回到你的家。

一個生命若能有意識的誕生，並且有意識的死亡，那便是完整他自己的旅程。能帶著覺知而來，並帶著覺知告別，有賴於你們能充分活在當下。

該成長的時候，盡力成長；該綻放的時候，盡情綻放；該枯萎的時候，毫不猶豫的枯萎；該歸於塵土的時候，則輕盈返回大地的擁抱。

§

善待你的身體

與你的身體連結，就是與我們連結。因爲我們生出了你們的身體。

你的身體是一個有無數訊息在交換的訊息場。有意識的連結身體，就會讓你的身體連結我們。而「接地」，能讓你的訊息場重新獲得清理與調整。

善待你的身體，也意味了善待我們。善待身體不是指吃大餐，或者用華美的衣飾妝點自己；那當然也很好，如果這樣做能讓你眞心喜悅。

善待身體眞正的意思是：你能有覺知的保持內在空間的輕盈。有覺知的吃，不過度攝取。如果你淨化了你的身體，身體自然會告訴你，眞的需要吃的東西其實並不多；如果你想吃很多，那通常是你的情緒想吃。

你的恐懼想吃，你的疲憊想吃，你的欲望想吃，寄生於你身上的微生物想吃。你們透過攝取食物，來滿足你情緒的飢餓與缺乏。

而當你能夠有意識地保持內在空間的輕盈，你會覺察情緒在身體內的狀況。你的情緒累積在身體哪一處，而使那個部位處於緊張與沉重？如果你的器官會說話，去感受它們會對你說些什麼？

善待你的身體。有意識地攝取食物與飲水，有意識地選擇適合自己的運動，赤腳走在土地上，用你的手去感受土地、接觸植物，讓自身沐浴於大自然的懷抱中，只爲了靜靜感受風的氣息。

是的，你有多久沒有讓大自然如此大方地滋養你？要感受蓋亞的愛是簡單的，因爲我們隨時準備好要給予你所需的力量，只要你準備好去敞開。

與我們連結不需要什麼神祕的咒語，你們的身體內，已暗藏了無數能與我們連結的密碼。

愈是輕盈自己，你愈能感覺蓋亞的恩典流向你。那恩典是在你窗邊歌唱的鳥，是你汲取的溪水，是路邊喵喵叫的小貓，是晨曦葉子上的露珠，是陽光在你身上留下的吻痕，是你在月光下突然跳起的一支舞。

蓋亞的恩典隨時都能給予，就等你準備好要接收。而你要做的就是敞開，就是有意識的好好照顧自己，善待你暫居的這具身體，提供它們足夠的滋養，來支持你靈魂的成長與進化。

§

陰陽整合，活出完整

陰性的能量在地球整體計畫的進程裡，因爲某些原因而受到壓抑。但現在是時候告訴你們，這個壓抑與被束縛的狀況即將被改變，也需要被改變。

這個改變不是爲了讓誰比誰強大，而是透過整合與調整能量的傾斜，讓一切能回歸動態性的平衡。

蓋亞要讓你們知道，陰性能量是值得被敬重的能量。陰性能量是強而有力的生產與生命力之源；透過承接、臣服、接受，並聆聽直覺引導所流動的智慧。

陰性與陽性能量一樣都值得被敬重。陰性能量的被壓抑，也是對於陽性能量的壓迫。因爲當一方被擠壓，另一方勢必將以不自然的方式扭曲自己的強大。事實上，並不是誰比誰強大，而是被擠壓弱勢的痛苦，同樣造成被扭曲強勢的痛苦。不平衡的陰陽能量，將使地球所有生靈都受苦。

當陰性能量能獲得應有的尊重與理解，陽性能量也能夠返回其正位，而無須扭曲自己，以欺凌他人、強迫他人或攻擊他人的形態出現。唯有當陰性與陽性能量能夠平衡攜手，方能共生一個喜悅並充滿創造力的地球。

陰性能量並不是僅存於女性的身體，正如同陽性能量也不會只存在於男性的身體。無論是何種性別的身體，陰陽的能量都是同時並存的。

你們對於伴侶的追求，有時候正反映出內在對於陰陽能量品質的追求。這也意味著，當你成爲一個陰陽特質都平衡的人，你對於伴侶的渴望，不會是爲了滿足自身的缺乏，而是在完整的前提下，去締結完整的關係。

無論你擁有什麼樣的身體性別，去承認並允許自身的陰性能量都是重要的。

承認你的脆弱，允許你的直覺，承認你的感受，允許你的情緒。承認那股在你們內在流淌，而你們的社會長久以來卻不怎麼認可與讚揚的品質——亦即那不受理性約束、不被頭腦制約的野生蓬勃。允許你內在湧動的直覺，即使你擅長分析的頭腦覺得那好像不太合理。

穿越頭腦層層的束縛，你就能越過許多阻礙，成爲完整的自己；而那個完整，是你內在陰陽合一的最終歸所，也是你內在神性的居所。

理性很好，頭腦很好，但它們只是你的一部分。還有一部分，或許是你未曾眞正承認與欣賞的：那些你們視之爲感性、瘋狂與直覺的品質。是時候讓它們大大方方地被接受，讓陰陽整合，活出你內在的完整。

而當你活出內在的完整，那份由內而外的品質將整合你所有的力量。你閃爍的光芒將變得不同，你走路的姿勢、你說話的聲音、你的眼神與姿態、你的待人接物都將變得不同。那是陰陽整合之後的平衡，而那平衡就是優美，神性的美。

與蓋亞女神連結

連結大地之星與海底輪

海底輪對應脊椎的根部，相應骨骼、脊椎、骨盆區與免疫系統。

海底輪關乎一個人的生存恐懼、安全感、家庭與社群議題。當我們的海底輪是健康的，我們會感到安全、被支持與被保護；知道無論如何，我們都是豐盛並能被這世界接住的。

相反地，當海底輪的能量失衡，我們會有一種莫名的恐懼與不安。反映在物質層面的是匱乏；反映在身體層面的是下背、下肢、生殖系統與免疫系統的問題；反映於關係上的則是缺乏、索討，與求不得。

而蓋亞——神聖的地球母親，能夠協助我們透過深深的接地，修復海底輪的能量。透過海底輪連結大地之星脈輪，我們能夠爲身體進行能量充値，並校準我們位於地球的錨點。

大地之星脈輪位於我們的物質身體之外。靈視中，它位於我們腳底下約三十公分處。每當感覺筋疲力竭，我會連結大地之星脈輪，此時往往會感到一種被快速充電的復活感。而如果能夠赤腳進行，並搭配有意識的呼吸，是讓身心都能煥然一新的能量快充。

對於時常出國，需要快速轉換時差的人，亦能透過「海底輪—大地之星—蓋亞」的連結，快速平衡因時空轉換所帶來的不適感，我就時常在商務旅行中這麼做。那是無論我們行經天涯海角，只要呼求，就能得到的支持與保護。

連結練習

我們不需要任何通靈能力就能與蓋亞連結，因爲我們就是蓋亞的孩子。這個練習不限於任何時空，只要你感覺有需要，就可以召喚蓋亞的能量支持你。

✧請輕鬆的站立，讓雙腳之間的距離約骨盆寬，挺直你的脊椎。如果可以，請輕閉雙眼，深呼吸數次。

✧請將氣息吸入你的海底輪所在之處，並感覺海底輪當下的狀態。它是緊繃的、沉重的、麻木的或冰冷的嗎？無論是什麼，我們需要的只是安靜的觀察。

✧現在，想像從海底輪之處，延伸出一條金紅色的能量線，連結到你的大地之星脈輪，再透過大地之星脈輪，連結到地球的中心。請在地球中心感受來自蓋亞厚實的愛：那是寬厚的支持，沒有批判的理解，與你的存在就是豐盛與安全的知曉。

✧請將蓋亞的愛與你的能量線連結，來到你的大地之星脈輪，然後再次回到你的海底輪。感覺蓋亞母親的愛覆蓋了所有你感到灰撲、沉重與鬱結之處。感覺所有的不適感，都在蓋亞母親溫暖之流的擁抱中被消融了。

✧接著，以你的左手輕輕按在海底輪相應之處，溫柔地對自己說：

「我很安全。

我支持他人也被他人支持，

我受到蓋亞神聖力量的保護，

我的生存是天經地義並受到祝福。

我活出我本來如是的豐盛，

我穩定地立足於當下。
我根植神聖的居所，
我以我的自然活出自己，
感謝蓋亞的恩典與庇護。
以上所求，皆已如願。」

✧感受以上來自蓋亞母親的祝福，已漫漫滲透進入你的內在，自然地成爲你的一部分。

你的海底輪閃爍明亮的光芒，你的雙足穩健強壯，你安然自在地立足於此時此刻，一切安好。

愛你們，獻上祝福。

II

— 卡利女神 —

Goddess Kali

二、卡利女神

#吞噬生命陰影　#嚴厲的慈悲　#直面深層恐懼
#活出真實　#珍視你的言語

直面陰影，活出覺醒

我們是慈善又強烈的能量，我們給予的提醒，不是溫柔地輕敲你的腦袋，而是以不可忽視的方式，搖動你的靈魂。

如果你期許生命中有強大的轉變，請呼求我們的協助，我們會為那些準備獻上祈禱的人給出祝福。

那個祈禱，是勇於交託那些使自己無法活出輕盈的人事物；是願意臣服於生命更大的智慧，是知道自由的道路，是活出生命本然的純真與簡單。

初遇卡利女神：令你發燒的愛

我與卡利女神，初遇於多年前的柬埔寨國家博物館。在未與祂相遇之前，我並不知道祂是何方神聖。

一月開春，我與家人在柬埔寨旅行。由於當時友人任職於柬埔寨國家博物館，我們便安排了參訪博物館兼訪友的行程。柬埔寨國家博物館收藏了吳哥王朝前後期的雕塑、陶瓷與各式各樣手工藝品，橫跨年代約從四世紀到十世紀，是關於高棉文化收藏的重點博物館之一。

由於友人職務之便，我們遂有機會一窺未對一般民眾開放的博物館修復區。修復區如其名，是各式各樣有待修復文物的聚集之地。初入此處，雖然是殘破或缺損的雕像陶壺，時間卻在它們身上沉澱出一股神祕之美。我一邊駐足欣賞，一邊讚嘆，然後突然轟地，感覺自己不知道被什麼力量倏地擊中，突然一陣暈眩。

不誇張，當我走出修復區時，我感覺自己已經發燒了，全身發熱而虛弱，坐在博物館美麗的戶外區發呆，完全不知道自己發生了什麼事。

隔日，我虛弱到無法從事任何活動，只能躺在飯店。除了發燒，我並無任何症狀，只是感到莫名的脆弱，但也依稀感覺我是被修復區的什麼擊中了，感覺這個能量並無惡意，只是想打聲招呼（但是非常強烈）？但到底是什麼呢，我毫無頭緒。

友人聽到我的症狀，力邀我重返現場解謎。翌日，尚未恢復元氣的我回到博物館的修復區，駐足於這些歷史文物之間。當光線映照在這些古老的物件時，時間的美，著實令人肅然起敬。

而當行經一處已經斷頭斷手的雕像時，我的內在突然升起一個篤定的知曉：就是祂！友人再三詢問：「妳確定嗎？」我說：「確定，就是祂。」友人莞爾：「難怪啦，祂是卡利女神（Kali）。」

卡利女神？當時我並不知道祂是誰，只是直覺地感覺這股能量的強大，即使只是輕撫你的臉龐，也如此讓人無法忽視。

黑色聖母

Kali的原意是黑色的，祂是印度教中關於創造、毀滅和時間的女神。故事中，祂是濕婆神（Shiva）的妻子雪山女神（Parvati）的化身，造型通常是擁有多隻手臂的凶惡相，全身黑色，手持武器，卻又帶著如孩童般天真的表情。

話說當時世界陷入混亂，以阿修羅（Asura）爲首的勢力企圖翻攪天界，而由雪山女神化身的戰神杜爾迦女神（Durga），集結了衆神的力量，以排山倒海之力，旋風式地橫掃敵軍。

然而修羅軍中有一名超級戰將名爲*拉克塔維加（Raktavija），由於受到梵天的允諾，所以擁有無法被消滅的神力。祂所流下的每一滴血，都能化身爲另一個全新的自己，讓即使是攻無不克的女戰神杜爾迦，也束手無策。

而就在杜爾迦女神棋逢對手、進退維谷之際，從杜爾迦的眉心生出一個高大黝黑、面容猙獰的黑色女神，祂就是卡利。

*拉克塔維加：又譯爲羅乞多毗闍。

這個新生的女神以狂野無畏的天眞，將拉克塔維加所幻化出的千軍萬馬，毫不留情地悉數放入口中吞噬。鮮血從祂的口中流出……頓時沙場血流成河，敵軍哀鴻遍野，卡利女神則沉醉於沙場上的殺戮遊戲……

而由於吞噬了大量的魔軍，卡利女神充滿了憤怒與戰勝敵軍的興奮，跳起了狂放的舞蹈。其踩踏的步伐驚天動地，祂的老公濕婆大神爲避免大地受到如此強烈衝擊，於是將自己墊在卡利女神腳下，以緩和這動搖天地的狂野之舞。

那些被消滅而又不斷重生的魔軍，是否就像我們不斷滋生的煩惱，與那些不斷在人生中重演的故事情節呢？

神話故事往往是關於人生巧妙的隱喻。那些不斷春風吹又生的魔鬼，正是暗示了困住我們於生生世世輪迴中無法解脫的煩惱、習氣與業力。

而卡利女神的臨在，正在*對治這些生命中的陰影。

無論是可被言說的痛苦糾結，或不可被言說，甚至是無意識的恐懼與悲傷，卡利女神都將以大無畏之姿，以慈悲的嚴厲指引你釋放它們。

*對治：來自梵語 *pratipaks!a*，原意是以道來斷除煩惱之意。

你不去面對的陰影，將成為你的噩夢

吞噬恐懼是我們的專長，將你的恐懼獻於我，我將爲你吞噬那其中的黑暗與無明。當你的慈悲夠眞誠、夠深廣，黑暗也不過是能瞬間被轉化的光明。

我們無懼黑暗，我們是比黑暗更廣大、更強壯的力量。因爲我們是愛的化身，我們就是愛。

當你感受到能量的阻塞，呼求我們的協助，我們會給予你引導與化解。有意識的這樣做，就是有意識的與我們保持連結。我們帶給你們的豐盛之道不是從外面，而是透過處理你內在的淤積，清除內在沉重的老舊能量，你就能發現並看見，自己本是豐盛的。

你們是本自具足的富有。而那份富有豐饒的感受不是強加於上的，不是擁有什麼，而是因爲你是什麼。

你就是豐饒與富有本身。

我們引領的是覺醒的力量。當你覺醒，你就是富饒與豐盛的，因爲覺醒不可能是匱乏的苦澀，覺醒是自由與豐盛之道。

Note from Josephine

卡利女神所給予的勇氣不僅是拿來對抗外面的魔軍、外界的壓迫與不公不義。卡利女神所激勵的勇氣，也在對治我們內在的習氣、恐懼與昏庸的無明。

卡利女神的引導，是指引我們潛入內在最深處，直面黑暗，無論是最深的恐懼或遲遲無法面對的夢魘。

在這些黑暗之中，有著我們能夠重獲新生，並獲得內在眞正自由的寶藏。因爲當你不去面對你的陰影，陰影將成爲你的噩夢，即使你想擺脫，亦將深受影響，而無法活出坦蕩的自由。

陰影是潛藏於潛意識，甚至是無意識宮殿深處的思維與情緒能量，你必須潛入這座內在深處的宮殿去挖掘，直面黝黑深處的黑暗。那感覺似乎有點恐怖？的確。然而一旦你勇於眞實面對，勇於潛入你內在的深邃之境，你便有機會超脫陰影與內在恐懼所帶來的限制與束縛。

在我們面對這些內在的陰暗面時，我們可以呼求卡利女神的協助。因爲眞正的魔鬼不是來自外界的恐怖，魔鬼是我們內在潛藏的陰影。

請觀察你的恐懼。其中是否有集體性的厚重能量？人類對於生存的恐懼與對安全感的需求，致使歷史不斷上演你爭我奪、犧牲他人以成就自己的惡性競爭。那是對於匱乏與危險的恐懼。

你的恐懼之中，是否有祖先系統中遺傳性的恐懼？有些恐懼藏得非常深，並不是在表意識中能被清楚察覺。那些幽微的信念與感受，其實反映了傳承於我們血脈與DNA 中需要處理的課題。

也有些恐懼是情感性的，它潛藏於你靈魂深處或者原生家庭的成長過程。譬如：恐懼不被愛、恐懼被遺棄、恐懼不被認同、恐懼一個人孤單老去。

這種潛藏於靈魂深處的恐懼，有時候不一定與這個生世的經驗有關，而是一個歷經時空轉換，卻一直未能好好面對與處理的恐懼。如果能利用機會，讓你在與之相對時消融它們，就能防止恐懼默默成爲你無法控制的命運。

而卡利女神的力量，正在於幫助我們面對恐懼、面對內在最深處的陰影，無論這份恐懼的能量來自何時何地。

在卡利女神神聖的狂喜之舞中，那是純眞並大放光明的勇氣，能將恐懼與陰影驅散於無形；沒有任何保留的剷除，也沒有任何可以妥協的餘地。

而只要你夠虔誠，無論你眼前的是何方妖魔鬼怪，卡利女神都能支持你毫無畏懼地面對，祂都能以大刀闊斧的氣勢橫掃千軍。而當幻象魔君被剷除，留下的就是自由與豐盛。

凶暴的恩典，嚴厲的慈悲

業力消融的過程不見得都有趣，因爲我們不是對你施魔法，而是給予恩典。

而恩典的領受條件是：你讓自己成爲宇宙恩典的一部分，你致力於投身這個清理的過程，並展現你的決心。

當你這麼做，你就在昭告宇宙：你已經準備好去領受更大的恩典，而你所呼求的恩典就會流向你。

Note from Josephine

相較於我們對於神祇的想像，卡利女神並不總是給予你所祈禱之物。因爲我們的祈禱並不總是出於愛，有時候是出於恐懼，或者出於小我的意念與欲求。卡利女神並不是有求必應的神祇，因爲祂關懷的重點不是人性裡的欲求，而是靈魂深處對於活出更大自由的渴望。

如果你渴望的是致力於解脫束縛、克服障礙，或者擺脫某種禁錮，卡利女神會爲你帶來眷顧的恩典。然而這份眷顧並不是天上灑落的棉花糖；更多時候是天打雷劈或者火山爆發，端看你想剷除的是恐龍還是蟑螂。

如果能夠輕輕一推就讓恐龍移動，何須製造天崩地裂呢？所以卡利女神看似凶殘的狂暴，其實是一份慈愛的恩典；協助眞正渴望解脫的靈魂，獲得淸理與重生的力量。

然而，要領受卡利女神的恩典，確實相當考驗當事人對於淸理過程所投入的毅力與決心。後見之明的去理解我和卡利女神相遇的初體驗，這個令我瞬間發燒的見面禮，事實上是一個激烈而灼熱的喚醒，在靈魂層次上給予搖動你淸醒過來的提示。

因爲在人間的各種幻境中醒過來，需要高度的醒覺意識，而這個過程，往往並不容易。有時候是被迫褪去任何你以爲「你之所是」的外衣，去看見眞正的自己。

我對你的愛情不感興趣

我們對你的愛情不感興趣，因爲那一切終究是要消融的業力。

我們對於你是否消除內在的貪嗔癡有興趣，因爲那能使你獲得更寬闊的自由。

無論你與任何人進行何種關係，最大的祝福就是自由，是彼此無牽絆卻能感覺到愛。不是因爲羈絆而在一起，是因爲你們照見彼此靈魂的愛，自然而然地願意待在彼此身邊，陪伴與同行。

我們對你是否幸福不感興趣，我們對你是否活出靈魂的自由感興趣。如果你是致力於活出更大的自由與寬闊的靈魂，呼求我們的協助。

成爲自由的過程未必總是輕鬆，但發此志願的人，是立志於覺醒的靈魂，我們可以助你一臂之力。

Note from Josephine

我曾經詢問過卡利女神關於情感關係的問題，卻得到以上「我們對你是否幸福不感興趣」的答案。這讓我無法不臣服於卡利女神的愛，那直率、強烈，而且一針見血的慈悲。

那不是去應和你欲望的有求必應，而是以嚴厲的溫柔，提醒你走向覺醒的道路。

世人所追求的愛情與幸福，固然各有羈絆，但那是否也讓你沉緬於終日沉睡而忘記醒來？而醒過來，才是卡利女神的焦點所在。

卡利女神不在乎你的小我是否感到幸福，祂關心的是你的靈魂是否因爲自由而喜悅。

祂對於你是否活在世人勾勒的成功圓滿中不感興趣，但你若致力於內在的圓滿，卡利女神將幫助你看見，並支持你清理阻礙。

直面恐懼

黑暗也是光明的一部分，而視狀況去顯露什麼樣的狀態，那是女神的智慧。

在需要以憤怒來揭露慈悲的時候，我們會義不容辭。

在需要以震撼的方式帶來醒覺的時候，就是我們出場的時候。

我們回應那些眞正渴求覺醒的靈魂，而你準備好了嗎？以大刀闊斧的姿態去清理你內在積累的塵埃。呼求我們協助，我們已經在你之內。

Note from Josephine

在印度教中，女神們往往有各種不同面貌以因應不同狀況。毀滅之神卡利女神是戰神杜爾迦女神的化身，而杜爾迦女神又來自於雪山女神的化身，那充滿慈悲與愛的力量。

所以，憤怒相與凶惡相何以顯現？其實是根據智慧，因地制宜地去呈現，但其根基都是愛。而爲了愛的原因所呈現的憤怒與毀滅，乃是爲了對治深根蒂固的恐懼與無明。

如果你有志於處理你的恐懼、直面陰影，卡利女神將會是你最眞摯且有力量的盟友，祂會回應準備好要面對黑暗的人群，給予他們勢如破竹的協助，對治你心中的習氣與限制你活出更大自由與飽滿豐盛的阻礙。

卡利女神隨時準備好去協助這樣的靈魂，並熱烈回應他們的祈禱。

如果不能活出真實的自己，如同在人生裡昏睡

「說出眞理之音，表達眞我」，當你這樣做，你就是在敬奉我們的神聖存在。

突破幻象，看見眞實並不是你們以爲的表象與局限，而是遍及四方的寬闊與永恆。如果你不能眞實的活出自己，你就如同在人生裡昏睡，唯有眞實的活出自己，你才是醒過來的。

時間與分離都是幻象。當你們執著或沉溺於某個人事物，我們是你可以呼求的對象，幫助你們揭開迷霧去看見眞實，自然不會沉溺於幻象。

去執著，就是以更高的智慧與洞見看見眞理，而這正是我們要給予世間的教導。

親愛的孩子，當你準備好吞噬那些你無法擺脫的業力束縛，好讓自己成爲更清明與更自由的，請有意識的呼喚我。有意識的請求我的協助，我將協助你淨化能量場，並對你提供絕佳的神聖保護。

Note from Josephine

如同卡利女神並不總是有求必應，榮耀卡利女神的方式也不是努力去取悅祂，而只是活出眞實的自己。

在接收這段訊息時，不得不說，我又再次臣服於卡利女神的神妙。因爲我確實感受到什麼是嚴厲的慈悲，那是基於對你能夠完全活出自我生命的祝福。

卡利女神對於世間各種俗世的追求沒有興趣，因爲祂是如此直接地睥睨於這一切遊戲之上；但祂確實是對於想要突破障礙，並自某種沉溺狀況解脫的靈魂給予有力的支持。

我時常在瑜伽練習時，呼請卡利女神與我同在，協助我清理淤積於某些身體部位的能量。

我們的身體累積了許多未被消化的情緒能量。你的頭腦可能告訴你沒事，但你的身體卻忠實的爲你紀錄了一切。

可能是車禍後的舊傷，即使傷口復原，但是驚恐的能量仍然在；可能是家暴或者被霸凌的經驗，那個內在哭泣的小孩還在顫抖；也可能是更久以前，穿越了當前時空的某個故事。

雖然說人的身體多少都有些不對稱，但我的右半部顯然比左半部僵硬許多。左半部我可以做瑜伽中的哈魯曼體位法（直劈腿），但是右半部卻明顯感到吃力。在一次瑜伽開髖練習的過程中，我突然收到訊息，知曉右髖所在之處累積了一個前世中關於「懊悔」的能量，在那個當下，仍然深深地卡在身體裡。

原來，我在某一個生世曾經身爲歐洲修士，奉命前往南歐某處建造教堂。教堂建立在懸崖峭壁之上。從零到有的過程並不容易，而我號召一群人胼手胝足，一磚一瓦的建蓋完成。但基於某些原因，最後我卻被衆人逐出自己所一手打造的聖堂。離去時，我帶著強烈的懊惱與悔恨，在那一世深深懷疑神對我的愛，並且無法原諒自己。

這個訊息令我在接收的當下無法自抑的哭泣。那是靈魂深處的痛苦，即使穿越時空，依然令人無法克制的悲傷。

我一邊流淚一邊繼續練習，同時在心中呼請卡利女神的臨在，協助我移除這個過去的沉重包袱。

這個懊悔與自責的能量顯然過時，但是它們卻藏匿在身體某處，繼續以僵硬的能量影響我的當下。而透過內在的視覺，我看見卡利女神的能量進入需要被清理的部位，在我的意願下，爲我移除無法爲當下生命效力的事物。

自此之後，在每一次的瑜伽練習開始之前，我都有意識的邀請卡利女神（或任何在當下感受到的靈感指引）與我同在，協助我更敏銳地感受身體的狀態。需要的時候，我會呼請卡利女神能以其凶狠的慈悲，爲我移除那些我不想繼續攜帶前行的沉重能量。

而當我們移除了那些無法在生命道路上繼續滋養支持我們的能量後，輕盈就是我們能給予自己最好的禮物。

輕盈是什麼呢？輕盈是更清楚的看見，因爲遮蔽物被去除了。

輕盈也是更自在與更開闊的感覺，你能簡單的不爲什麼而快樂，單純的享受活在當下的美妙。

輕盈也是我們靈魂的本質，是純粹的光與愛。

慈悲並不總是如他人所願

慈悲有時候是溫柔的，慈悲有時候也是嚴厲與貌似凶殘的，因爲慈悲並不總是如他人所願，給予他人想要的。

而那背後的基礎是出於你對自己的愛與對他人的愛。那是你看見更高的眞相，知道眞正要從事的是那些行動，而不是流於表面的作爲。

Note from Josephine

有時候慈悲是一呼百諾，聞聲救苦。有時候慈悲也是以撼動和激烈的方式，因時制宜地給出需要的行動。

而卡利女神無意於表面作爲，因爲祂沒有要取悅誰。黑色聖母的愛無關乎好惡，而是明心見性，直指核心的慈悲。

這個教導，也在於提醒我們放掉對於「什麼是慈悲」的既定看法。

慈悲不是一味成全他人，給予他人想要的，甚至爲此讓渡自己的眞實。因爲慈悲的基礎是對自己和對他人的愛，那意味著你在愛他人的同時，也能同時愛自己。

因此，有時候慈悲也是拒絕他人，是勇於說不，並敢於設立界線以保護自身的能量場。這對於習於迎合他人，滿足他者需求而罔顧自身狀況者，不啻是一記警鐘。

我的個案中，許多都是他人眼中的女超人。她們是能幹的母親，是負責的老闆與使命必達的員工，是孝順的女兒，還是能上得了廳堂、進得了廚房的妻子。然而，在這些女超人閃耀光芒的背後，往往有一個疲累女孩的陰影，她們因爲過度輸出自己的能量而感到耗竭，甚至失去了自己。

如果我們聽取了卡利女神的提醒，就會明白慈悲也是能夠拒絕他人的，能夠在愛自己與珍惜自身能量場的前提下，以本身也能感到舒服的方式去給予。

如此付出不會讓我們感覺油燈耗盡、委曲求全，而是立於自身的中心去分享的平衡。眞正的慈悲不會在自我犧牲的前提下去成就。犧牲是苦澀的能量，而苦澀中的愛，怎麼會是飽滿與喜悅的呢？

如實表達內在的真理

不需要壓抑情緒，永遠不需要。因爲壓抑的能量將使你受苦，壓抑是苦痛與糾結情緒的來源。

女神的智慧是：你永遠可以找到輕盈的方式來表達你的情緒，而輕盈是因爲愛，不是恐懼。而當你如實表達之後，就放下。

允許狀況如其所是，該怎麼樣就怎麼樣，永遠要有這樣的勇氣，去面對當你表達眞實後的各種狀況。

而那個狀況由於不是小我心智所控制，所以無論它展現的是什麼，都將是最高最好的。

情緒之所以需要清理，是因爲我們累積了太多，卻釋放得太少。

而累積的情緒由何而來？正在於有意識或者無意識的壓抑。有時候我們以爲「過了就沒事」，殊不知你不處理的情緒，將累積成爲你無法輕盈展翅的重擔。

無論是從小被教育「不能哭，這樣很丟臉」或者「忍一時海闊天空」，這個「不能哭」與「忍一時」，有時正是我們潛意識中面對情緒的信念。

而女神的指引提醒是：永遠不需要壓抑情緒，而是找到智慧的轉化之道，去表達與釋放。

在個案諮詢的過程中，我發現許多情緒的壓抑來自於害怕展現眞實的自己，恐懼當我們顯示自身眞實的顏色後，可能會不容於環境或者不被他人所愛。無論是無法向父母出櫃的同志，在關係中慣以堅強武裝自己的脆弱，或者在團體中總是不斷妥協，無法坦然說出自身眞實的需求。

然而，當我們對於活出眞實的自己與說出眞實的語言愈感到畏縮，恐懼的陰影將如影隨形。此時，你可以呼求卡利女神的協助，幫助你破除障礙，擁有勇於展現眞實的勇氣。

Randy（化名）是一個在朋友圈中已經出櫃的同志，來找我諮詢的原因是，儘管他對於自身同志的身分感到驕傲，但卻遲遲無法對家鄉的父母坦白。Randy 是在父母都適逢高齡，殷殷期盼下誕生的獨子。成長於保守家庭，他仍然背負了傳統中對於其能成家立業與生兒育女的期待。他可以向全世界出櫃，唯獨對他的父母不行！那是害怕讓父母與家族失望的恐懼。

是的，當你展現自身的眞實，環境未必能欣然接受；但如果你不嘗試，這一部分的僞裝，將使你的能量糾結而無法輕盈。

在經過了許多對於內在深層恐懼的清理，Randy 終於鼓起勇氣向父母出櫃；然而他的父母一時之間還是無法接受，甚至透過種種情緒勒索的方式要 Randy「回頭是岸」。經歷了許多戲劇化的情節與不斷溝通與療癒的過程，Randy 的父母最終仍然默認了這個事實，這個默認是你未必認同，卻願意去接納的愛。

展現眞實如果讓你失去了某些人際關係，請以信任的態度面對那些失落的感受，並允許周遭的人際關係，因爲你展現眞實的光芒而重新調整。

卡利女神能夠協助我們放下那些不再能夠呼應我們內在眞實與成長的人事物。讓我們有勇氣放手，向過去揮別，透過釋放老舊的能量，以迎接新的可能。

說你的心也相信的話

活出你內在更寬闊的流域，你說的言語將更有力量。

說誠心正意的言語，說你內在也真誠相信的言語，說能與你的振動全然呼應的言語，如此你會爲自己帶來生命中無與倫比的豐盛。

而前提是不要亂說話，要珍惜你說的，重視你說的。

「一諾千金」的意思是珍惜你們的言語，因爲它們是你內在向外延伸的表達，它們表彰你是誰，且延伸你的能量。

Note from Josephine

你知道嗎？你說的話，你的身體與靈魂都在聽。因此，無論是謊言或者無心無意的胡謅，口是心非都將爲自己製造內在的衝突。

而這份衝突的能量，不僅使你無法聚焦於顯化你所渴望的人事物，你也在透過言語扯自己的後腿。

經常說出批判自己的言語，無論是「我好胖」、「我那麼醜，誰會愛我」，或者「我不行，我沒有能力」，你身體的細胞都會接收你對於自己的想法，而逐步顯化爲你世界裡的眞實。

卡利女神能協助我們清理內在衝突的能量，但我們對自己最大的責任之一，就是別再爲自己找麻煩，別再言不由衷，爲自己創造內部能量的不和諧。

所以，如果你是善良的，請記得說善意有愛的言語。如果你是豐盛的，不要將匱乏與闕如掛在嘴邊。而女神智慧的提醒是：永遠說誠心正意的話！

同理可證，就卡利女神而言，批評與八卦他人，正如同誠實與正直，都無關乎道德，而是關乎能量狀態。

當你處於抱怨或批評他人，能量場會呈現緊縮、沉重，甚至缺口。因爲抱怨與批評，往往來自於小我意識的憤怒、忌妒與恐懼；而這些都不是輕盈的品質。

透過意念與言語傳遞出來的振動頻率，又將反饋於自身，去強化與說明你之所是。

而當你說能夠眞正表彰你是誰的言語，當你的言語與內心一致，你內在的能量將呈現和諧與連貫。

而當你內在的狀況是整合與協調的，你不知道你會多有力量。這份由內而外的力量，將協助你昂首闊步行走人生，創造屬於自己的豐盛。

放下期待

放下任何期待，那就是放下任何製造業力的機會。

你可以對任何人事物有渴望，渴望某種狀況，成就某種樣貌，但不需要期待。

渴望是你看見自己內在眞實的驅動，並以這份驅動去行動。期待則是將能量放在他人身上，放於外面的世界。

你可以看見你自己內在對愛的渴望，並根據這份渴望去行動愛，但是不要期待這份愛的行動會帶給你什麼，或者他人必須因爲你的行動而有什麼回應。

愛就是愛了，當你行動完成，就完成了。至於他人或者外在世界的回應，都不是你的工作。

你的工作是：無論面對何種反應，都有接納的勇氣與回應的智慧。

Note from Josephine

渴望是你心中的火，它會指引你前往你想到達的地方。依循內在的渴望，將幫助我們活出眞實的自己。

然而期待是什麼呢？「沒有期待就沒有失望」這句話，即說明了期待總是伴隨著無數失望。而人往往在經歷了每一次的期待落空之後，漸漸不敢再期待，這個「不敢」，充滿了苦澀與委屈的能量。

而卡利女神所指引的「放下期待」，並不是基於種種失望後的放棄。而是在根本上，就不將能量放於未來的某個發生。

因爲當你將能量錨定於當下，你會感受到你的眞心渴望，指引你的行動前往正確的方向。

在關係之中，我們是否時常將期待投射到他者之上呢？無論是期待戀人如何爲我們製造驚喜，期待伴侶能時時體貼我們未說出口的需求，期待老闆同事看見自己的努力，期待小孩功課表現絕佳並且五育均衡，期待哪一天中樂透就能即刻辭掉工作開始環遊世界……

注意到了嗎？這些期待都是將渴盼放到他人身上，放到外面的機率，如此隨之而來的可能是失望，也就不令人訝異了。

而人際關係中的許多痛苦，往往在於我們嘗試各種操控手段，好讓這些期待之夢可以成眞。於是有了各種望子成龍、望女成鳳的虎爸虎媽，與各種人際關係中的情緒勒索。

看見自身眞實的渴望，並跟隨這份渴望去行動，然後放下對於他人是否回應與任何結果的期待；那將使我們能將能量更聚焦於當下。

而當下，是力量眞正發生的地方。

與卡利女神連結

連結臍輪

臍輪又名「生殖輪」，是性能量的中心，也是創造力之所在。臍輪主導生殖系統，相關的身體部位包括生殖器、下腹部與髖部。

當我們情緒壓抑，或者無法與靈魂對齊時，往往會在以上身體部位累積許多沉重的情緒能量；無論是昨天的憤怒、兒時的悲傷，或者不同身世的羞愧感。

我曾透過瑜伽練習與卡利女神的臨在，清理了位於臍輪處大量的情緒印記。深深感受當我們未能與情緒溫柔共處、如其所是的觀照情緒，那麼，累積的情緒與厚重的信念，將成爲我們負重前行的枷鎖。

然而，要面對沉重的陰暗面著實不易；這時候，你可以呼求卡利女神的恩典。黑色聖母的強力臨在，將爲準備好釋放痛苦的靈魂，清理你所想釋放的恐懼無明。

連結練習

關於卡利女神手印（Kali Mudra），你可以選擇坐姿進行，或者將其融入於你本來的冥想練習中。在任何感受壓力、焦慮、緊張，或者被情緒淹沒時，卡利女神手印可以協助你安定下來。而當情緒風暴散去，你遂能看見內在的眞理。

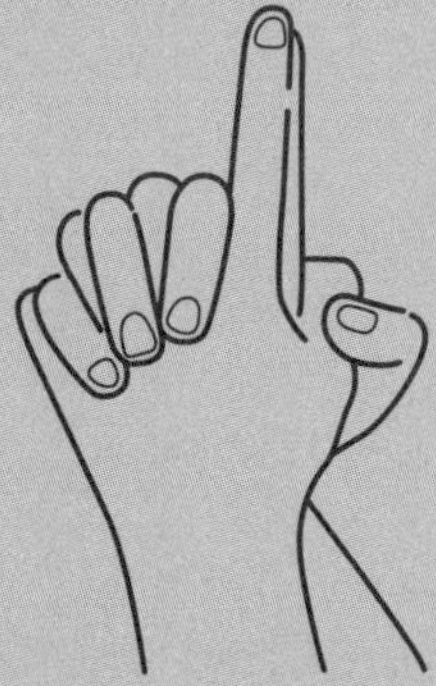

✧首先，先進行三個深沉的腹式呼吸，將呼吸連結到臍輪所在之處，然後手持卡利女神手印。

✧請安靜感受，浮現的情緒位於身體哪一個位置，然後靜靜與你的情緒同在。

✧對於感受到的情緒，無須批判亦無需認同，只需如實觀看。而如其所是的看，就是你對自己的慈悲。

✧然後念誦以下禱詞：

「親愛的卡利女神，
我祈請並感恩祢的神聖臨在，
為我釋放我已經準備好釋放的，
那些無法再為我最高道途服務的，
那些無法讓我內心平靜的。
那些已經遮掩了我的視線去看見愛與喜悅的，
我全然允許它們釋放。
我允許釋放，
我允許釋放，
我允許釋放。
感恩一切所求，皆已如願。」

✧感受你全然交託了你的憤怒與恐懼，如果有任何眼淚或者身體的顫動，允許情緒的自然表達。

✧在你內在的視覺裡，請感受卡利女神已經將你願意交託的情緒，全然吸入祂神聖的空間。而所有你願意交託的恐懼無明，全部被卡利女神毫不留情的一併吞噬，並且透過愛的反芻，轉化爲能滋養你的力量。

是的，悲傷是對愛的喟嘆，憤怒是對愛的呼求。而卡利女神爲你吞噬了情緒的幻象，只留下愛的眞理。

而那些你最陰暗之處，透過轉化，其實就是你能給出最大的光明。

愛你們，獻上祝福。

III

—杜爾迦女神—

Goddess Durga

三、杜爾迦女神

#協助根除積習　#守護自己　#給予智慧的洞見
#爲內在眞理出征　#剷除妄念

走上你的英雄之旅

戰鬥既發生在外面，也發生在裡面。當你需要，永遠不要猶豫為內在的真理發聲。因為懦弱正在於你沒有在自己最需要的時候，為自己挺身而出。

戰鬥也發生於內在。有時候真正的敵人並不是外在的野獸，而是你們內在習氣與恐懼所幻化成的陰影。而當自性之光綻放於內，內在的陰影也將如虛幻的杯弓蛇影。

呼求難近母的力量，助你度過千山萬水

杜爾迦女神是印度的女戰神，又名「難近母」，其意爲威力強大以致妖魔難以接近。杜爾迦女神是雪山女神的化身，也是濕婆神的妻子。祂所彰顯的是宇宙本源的力量(Sakti)，在印度普遍被視爲降魔女神而獲得崇敬。

與由其額頭幻化而生的卡利女神那令人戰慄的形象不同，杜爾迦女神美艷絕倫，身著華麗衣飾，全身閃爍著萬丈光芒。

祂的坐騎是老虎或獅子，有十到十八隻手臂，手持天神所賜予的各式神妙武器，如一千個太陽般閃耀的氣場與威力，能在彈指間令敵人飛灰湮滅。

當我們的生命處於困境挑戰，進退維谷，或者難以做決定時，杜爾迦女神是能夠協助我們突破萬難、擊退恐懼，並支持我們走上屬於自身英雄之旅的神聖力量。

難近母的威力並非浪得虛名。當我們需要對治那些困擾我們的無明，如：恐懼、忌妒、憤怒、悲傷、煩躁、貪婪等，這些讓我們無法平靜自在、喜樂生活的情緒暗流時，你可以呼喚杜爾迦女神的名字。

女神將以一千個璀璨太陽的光明力量，指引你如何平息內在的戰爭，馴服心中的妖魔，回歸你本來如是的道路。

關於如何活出「豐盛」，是世人普遍感興趣的主題。而人們的渴求，往往反映了人們的缺乏。但眞相是什麼呢？眞相是：你眞的是缺乏的嗎？故而需要獲得什麼，好讓自己成爲豐盛的嗎？

不，眞相其實是：你本來就是豐盛的。你所要做的，只是去除那些讓你無法感覺豐盛的阻礙，因爲豐盛是你天經地義的天賦人權。

而到底是什麼，阻礙了你通達你的豐盛大道？是那些限制性的信念、故步自封的情緒狀態、彷彿鬼打牆的行爲迴圈，或者一再而再上演、但卻萬年不下檔的故事情節？

此時，你可以請求杜爾迦女神的協助。請求女神協助你制伏那些你無法根除的積習，那些在你內在蠢蠢欲動，讓你不得安寧的喧囂吵鬧，那些彷彿永不停歇的內在鬥爭。

當然，如果你有外在的挑戰需要克服、外在的危險需要化險爲夷，或者那些看似不可能的任務，杜爾迦女神絕對也是你可以呼求的神聖力量。

譬如當我隻身旅行，或者前往異地，杜爾迦女神總是讓我心安的旅伴，因爲有時候保護自己最好的方法，就是爲自身建立穩固的能量場。而這也是杜爾迦女神給予我的教導之一：「守護自己是重要的。因爲守護自己不僅是對自己，也是對敵人的慈悲。」

因爲當你守護自己，就表示你對自身的安全與平靜負起全然的責任，那個愛自己的行動，即是對於自己的慈悲。而因爲你對自身狀態負起全然的責任，便不會給予敵人輕易傷害你的機會，那個不讓敵人造業的行動，也正是對敵人的慈悲。

雖然究竟而言，這世界上並無眞正的敵人，因爲一切皆是我們內在的投影。然而生在地球上，接地氣是必要的，那意味了卽使你在心中明白一切皆是幻化生成，亦不必反駁那些外界的各種現象。

杜爾迦女神的智慧卽是幫助我們看見，如何鍛鍊自己擁有「難近母」的力量，讓內在貪嗔癡愚的各種無明，不會吞噬我們本心的淸明。而當外在的各種挑戰紛湧而至，你知道你不是沒有武器的人。你擁有光明智慧的引領，去經歷你的每一場戰鬥，成就真正能夠榮耀自身的英雄之旅。

你所對立之物，其實都在成就你

宇宙是合一的整體，分離是幻象。宇宙也是海涵與包容的，任何你所見之現象，都是宇宙應允的一部分，無論是光明與黑暗、邪惡與正義，都是宇宙所幻化的遊戲。

而那些現象之所以存在，正是反映了觀察者的投影。是的，宇宙是一齣巨大的投影遊戲，你要看見什麼，是你自己決定的。

所謂善惡黑白並非表面所見的二元對立，而是透過二元對立與陰陽共生，來成就彼此。這些對立之物，事實上是聯手成就彼此的存在與平衡。

杜爾迦女神的存在，並不是爲了要去對抗邪惡。事實上邪惡的存在，也讓你們有給出力量、展現力量，並全然印證自身偉大的機會。

這乃是所謂：有覺知的看見你所對立之物，其實都在成就你，這是最大的勇氣。

當你有這樣的眼界，你就走在勝利的道路上。有這樣的眼界，勝利將屬於你。

既然一切都是你內在的投影，你所要對抗的敵人，也是爲你顯化而來。而你爲何顯化這些敵人出現？究竟的原因，是爲了你自身的進化。

那些習氣與記憶的幽靈，當你不在內在去面對他們，它們將現形爲具象的敵對困境來挑戰你。

杜爾迦女神的存在，就是給予智慧的洞見，去對治這些內在的陰影或者外在的敵人。

杜爾迦女神是雪山女神的化身，其來源是愛與慈悲，是智慧的洞見，而這也是女神勝利的基礎。勝利是奠基於對於善良與正義的追求，而這份善良與正義，並不是世俗或者所謂道德標準，而是當你順應自己內在的眞實時所回應的行動。

什麼是內在的眞實？那是讓你的內在全然感到自由與踏實的品質。

你能爲自己感到榮耀嗎？你能俯仰無愧嗎？你能在每一天都安心入眠嗎？眞實不是屈從於他人標準或者服膺於世俗教條，而是你內在的聲音。即使有時候它們可能很微弱，但你能選擇信任這份內在之聲。

宇宙的惡，也是宇宙的一部分。而至上的寬容慈悲，即在於它能接納惡也是其中的一部分。

整體不是靜止的概念，整體是動態的，永恆的動。所以勝利也不是僵固的概念，勝利是流動的，是在行動中生成的。勝利的精神也在於知曉「各種狀態都能夠是勝利的」。

有時候勝利不是擊垮你的敵人，而是珍惜自己。

勝利可能是：表面上你好像輸了，但慈悲與愛卻贏了。

那個標準是什麼？那個標準是你內在之音，是會讓你俯仰無愧的本然之道。

勝利是你有勇氣面對你的失敗，並知曉自己沒有眞正的失敗，而僅是經歷一個失敗的體驗。而你之所以選擇體驗失敗，是因爲失敗中有禮物要分享給你。

例如：你可能自覺經歷一次失敗的婚姻，或者破碎與傷痕累累的關係，但究竟上你並不是一個失敗者，除非你要那樣定義自己。你們可以自由的定義自己是誰，而宇宙無權干涉，而你們爲自己的定義就會成眞。

這個看起來失敗的婚姻，如果能讓你走上愛自己的道途，並因爲能夠眞正的愛自己而使生命發光發熱，那麼，這還是一場失敗的婚姻嗎？

如果，這個讓你感到傷害與痛苦的關係，可能充滿欺騙、背叛，或者各種中傷詆毀，但如果你因此學會智慧的爲自己設定界線，忠誠於自己內在的眞實而不是討好他人，這份對於自身的自尊與自重，是否將反轉你對於失敗關係的眼光？

是的，在失敗之中看見恩典，接住恩典並且重生，這乃是眞正的勝利。

勝利是金光閃閃的，因爲這份勝利應該讓你自身無愧、感到驕傲。

勝利也是光明的，這份光明是由於你內在所散發的勇氣之光，而這份勇氣是奠基於智慧與堅忍的行動。

勇敢是接受一切狀況並有力量面對

杜爾迦是勝利女神，是保護勇於給出勇氣、面對挑戰與奮鬥不懈的靈魂。

女神會保護受困者勇敢面對挑戰，並生出內在的力量去克服一切。事實上，一切無不能克服，外境的困難都反應內在的軟弱，所以衍生一個對應的困境，藉此讓你能夠學習與克服。

一切無不是在幫助你成爲更高版本的自己，所以要善用外境所顯示給你的一切，傾聽內在的感受，一切無不是你能夠成長的機會與提示。

要知道，當你感到脆弱時，那個勇敢不是勉強自己去行動，那個勇敢是看見自己需要休息而去好好休息。

當你感受到你未能得到內在所渴望的人事物，那個勇敢，可以是不顧一切努力去爭取，但也可以是承認這不是你當下努力能夠成就的，然後臣服於這個狀況。

勇敢不見得都是奮力作戰，勇敢也是能坦然接受一切不可得與無法改變的。因爲勇敢是接受一切可能的狀況，並有力量去面對！

當需要你奮戰的時候，你會有勇氣挺身而出，不畏懼與衆不同。

當需要臣服的時候，你會知道有勇氣去放手，去承認與接納當下的處境，並同時保有對自己的愛、慈悲，與信心。

勇敢的背後是一個強大的信念：你不可能眞的被打倒。因爲一切的發生都是情境，失敗的感受只是一個讓你學習臣服的情境，如此而已。

勇敢之中有智慧，那會引領你做出正確的決定。

§

戰鬥，為你內在的真理出征

戰鬥不是無的放矢，不是師出無名，戰鬥是要明確的知道你爲何而戰。

戰鬥的前提是智慧，並將力氣與能量有智慧的運用。

終極的戰鬥，是爲你內在的眞理出征。

克服你內在的軟弱、無明、膽怯、習氣與記憶的束縛。斬斷這些吞噬你內在光明的魔鬼與夜叉，掙脫這些限制你的記憶與習氣的荊棘，通達你內在本應如是的自由。

爲自己出征，成就自己的英雄之旅，這是杜爾迦能夠賦予你的力量。

當外在的世界顯現敵人，那同時也是你對治自己內在軟弱與失衡能量的機會。

敵人的出現，讓你有機會爲自己出征，有機會體驗與強化自身的力量，並考驗自己的智慧。

當你需要印證光明，才會招來黑暗的吞噬，所以感恩黑暗的臨在，讓你看見自身內在光明的火把。

而眞實的戰鬥是轉化黑暗，讓黑暗臣服於光明的燦爛，而那股自信，源自於你內在的正直、無畏，與眞實的力量。

§

英雄之旅——成為自己最高最好的版本

爲自己出征，並不是一條向外的道路。

事實上，所有向外的征戰，都是爲了引領你返回內在的家園。剷除所有不能讓你回家的障礙，就是爲自己出征的意義。

人世間的旅程是一個體驗的過程。你們透過黑來體驗白，透過你之所不是，來體驗你之所是。

爲自己出征，是去除制約的旅程。透過剷除你之所不是，去看見你之所是的光明與自性的燦爛。

你們本身就是巨大無比的光，卻被黑暗蒙蔽，未能看見這份眞實。去制約就是去除蒙蔽，看見你自身的力量。

而所謂英雄之旅的意義，並不是去成爲世界定義的英雄，而只是成爲你自己最高最好的版本。

英雄之道不一定都是雄壯威武的，也可能是陰柔脆弱的。英雄之旅可以是積極進取、大開大闔的。英雄之旅也可能是小家碧玉、臣服與接受的。

走出屬於你自身獨一無二的道途，而無須模仿他人的路徑。

你不可能成爲別人的。致力於模仿他人，終將徒勞無功。你可能會學得很像，但是你內在的靈魂無法爲此歡唱喜悅。唯有當你致力於自身的開花、自身力量的表達與展現，你的靈魂才會因此眞正的綻放。

§

實現真正的願望，而不是妄念

杜爾迦女神的戰鬥之力，也能助你心願成就。

因爲成就心願需要意志力與勇氣。有時候你們的願望無法實現，是沒有足夠的能量去貫徹始終，去實踐與承受過程中一步一腳印所帶來的艱辛、孤單，與寂寞。

這時，請呼求杜爾迦女神的協助，剷除那些你們在實現夢想過程中所升起的各種妄念：懷疑、恐懼，與不信任自己。而當你們剷除妄念，自然會看見自身所配備的各種天賦才華。

實現眞正的願望，而不是妄念。

眞正的願望，是你與高我聯手打造那呼應你靈魂眞實的渴望，你的熱情，你內在的火。

妄念則是小我的把戲，是糾纏著你的習氣與記憶所混合的產物。區分眞實的願望與妄念是重要的，因爲如此，你不會徒費力氣去追逐風中樓閣。

當然，你可以去體驗任何你想體驗的，因爲這是你生而爲人的自由。但如果你的志願是覺醒，是以醒覺的姿態活出生命，那不要浪費力氣於追逐妄念，因爲那是南柯一夢。

鑽進你內心深處，定眼看見你內在之火，什麼在你內在熊熊燃燒？也許你現在只能看見晦暗中一絲微弱的火光，或者曖昧不明的光線。但請不要放棄，要努力的去看見！

當你看見什麼是你內在熊熊燃燒的火，那是能眞正引動生命的激情，那是你眞正要投注能量的所在，那是你靈魂的皈依，那是你眞正要活出自身偉大的地方。

§

征服敵人，是征服內在的陰影

戰鬥不是盲目地將力氣放在外面，戰鬥是有智慧的運用能量去顯化。戰鬥是智慧與力量的結合。沒有智慧的戰鬥，是盲目、缺乏中心思想、徒費氣力的。有智慧的戰鬥，讓你能有意識的化險爲夷，並在這些過程中提升自己。

要知曉，所有敵人都是由內而外所顯化的，所以征服你的敵人，其實就是征服自身內在的陰影。

而當你致力於馴服自身內在的陰暗面，你的外在將沒有敵人。

所謂敵人，有時候可能是一個包裝後的禮物。透過外在的挑戰，激發自身的潛能。透過打破疆界，發現自己的各種可能性，遠遠超乎本來的認知與想像。

敵人，或者說內在的陰影，有時候正是你們的老師。

老師的出現，正是激發與引導學生的蛻變。所以對治陰影或敵人最好的方式，不是軟弱的被其反噬，而是積極的看見與體現自身比這些陰影或者敵人都來得強大、有力量。

而爲何戰鬥？戰鬥的起因不是你內在的暴戾之氣，如果如此，你的戰鬥將是無明的業力循環。這種戰鬥將無法使你提升，而是使你更加沉重。

但如果你的戰鬥是因爲內心的慈悲，因爲愛而不是恐懼，這個戰鬥將使你更有力量，這個戰鬥本身將淬鍊你促進自我的升級與靈性的提升。

當你缺乏勇氣、意志力薄弱，你可以呼求杜爾迦女神的協助。而這份力量的加持，並不是女神給予你，而是透過你的呼求，女神協助你看見這些力量，其實就在你自己之內。

§

拿回屬於你全部的力量

你是誰？當你以爲你是他人告訴的名字與身分，你將無法使用你全然的力量。

要拿回屬於你全部的力量，你要知道你眞實的名字，你要看見你眞正是誰。

你不僅是別人的丈夫、妻子、他人的兒女，你不僅是他人的兄弟姊妹或者上司同事，你不僅是他人的鄰居或名片上的職稱。以上都僅是你所穿戴的身分，但他們不是你。

你可以扮演無數角色，但他們都不是你。

那麼你是誰呢？發現這個，將有助於你們掌握屬於自己的眞正力量。

你是超越這些世俗身分的能量體，你的靈魂帶著更大的宏觀洞見投身於這趟人世旅行，以完滿你所渴望的體驗。

知覺你比你現在的任何身分都來得宏觀，那是你眞實力量的來源。

你帶著比你以爲更大的抱負來世間旅行，那是關於完滿愛的企圖，那是關於化解恐懼的願心，也是關於勇於掙脫束縛以活出自己的勇氣。

看見自身是偉大的靈魂，帶著遠大的抱負來到世間，那麼，你將不會限縮於你當下虛弱與渺小的肉身。透過這份知曉，你能超越當下所感受到的一切限制，活出自己的偉大。

這份偉大與他人無關，與任何比較無關，而僅在於勇於踏上你要完滿的企圖。別忘了，你是帶著要完滿什麼的願望而來，這是一趟你爲自己出征的旅程。

當你靈魂渴望的是愛的體驗，你也許會透過許多不愛的故事來發現愛，進而體會自己就是愛。

當你尋求的是平衡，你可能會經歷許多衝突動盪，來體驗平衡的智慧。

而當你靈魂所希望創造的是豐盛，那看起來匱乏與貧困的道路，正是爲了指引你去豐滿自身內在的匱乏與克服深層的恐懼。

這是一條爲自己出征的旅程，目的是你的靈魂爲自己訂立的體驗。過關斬將並不是爲了對抗外界的敵人，而是爲了通達你爲自己設定的了解。

當你知曉這一趟旅程你是誰、你所爲而來，你會有更宏觀的眼見，來理解你所行走的旅程。

是的，你依然是他人的兒女、某某人的伴侶、上司、下屬或父母；但你將不受限於這些角色扮演，而能勇於活出你靈魂本應如是的壯闊。

角色的設定不是爲了限制你們活出這份壯闊，恰恰是爲了激發。這些角色的設定都是完美的機會：透過角色去體會更深邃的自我。角色的設定本身，就是豐盛的賜福。

一個看似破碎的家庭、一個充滿爭吵與衝突的環境，或者一個匱乏與暴力的處境，就人間角度，或許都不是豐盛的安排。但就靈魂角度而言，它們都是適切的完美。

透過你所不是的，來體驗你所是的。透過體驗「非你的」，來體驗「你的」。

當你醒覺並且有意識地看見這一切的安排，靈魂們會善用這些安排，活出超然於這些情境設定的品質。

§

戰鬥，向內的旅程

戰鬥不盡然都是劍拔弩張、開弓射擊；戰鬥也不盡然是殺氣騰騰、奮勇殺敵。

戰鬥有可能是向內的旅程，剷除那些不能讓你活出更大平靜與更寬闊自由的障礙。

對內的戰鬥需要張馳有度、保持彈性。因爲對自己的暴力，是對自己內在深層的不愛，那表現於你們勉強自己，以不恰當的強度，去活成或展現某個樣子。然而那不是自然的成長，而是在不愛自己的狀況下去成長。

所謂自然的成長，是在愛自己的狀態下所進行的鍛鍊。這個鍛鍊可以是嚴謹的，有壓力的，但也是循序漸進與按部就班的。

因此向內的戰鬥不是殺氣騰騰的，而是基於一份對自己的慈悲，去剷除那些令你無法活出自在寬闊的積習、情緒阻礙，與令你們揮之不去、春風吹又生的妄念。

對內的戰鬥可以是對身體的鍛鍊、對心的修持，與對靈魂維度的提升。

在鬆中拉緊自己，在寬中增加強度。一鬆一緊、一張一馳，以對自己有愛的方式前進。

§

勇氣的核心

勇氣的核心？不是恐懼，而是愛。

有些看似勇敢的行爲，其實是出於恐懼。出於被掠奪的恐懼所以對抗，出於匱乏的欲望所以擴張，出於對失去的恐懼所以保護……，這些都是基於恐懼而發展出看似有勇氣的行爲。

眞實的勇敢來自於愛。出於愛的勇氣會擴充太陽神經叢的能量，並向上結合心輪的能量，讓金黃色的太陽上升爲粉紅與綠光的太陽，從而擴展成一個更巨大無比，讓你不會疲累也不會膽怯的能量場。

這個勇氣的核心是整合的能量，因爲愛也包含了恐懼，光也包容了黑暗，眞正的勇氣是包含於所有對立面的整合。眞正的勇氣是建立於一的基礎上，所映射出的萬丈光芒。

Note from Josephine

在某次個案諮詢中，杜爾迦女神的臨在，給予了以下訊息。那是提醒，當我們處於小我心智的生存模式，人際關係將成爲煙硝戰場。然而，關係中的戰鬥如果有意義，並不是將刀劍指向他人，而恰恰是引領我們轉身向內，以無畏的戰鬥精神，對治我們內在最深層的恐懼。

關係中的戰鬥

所有第三者都反映了你們既有關係中的不平衡，所謂第三者的出現，只是平衡了這個關係。

事實上，所有的發生都基於平衡的需求。所以與其思慮如何剷除第三者或者外力干擾，不妨思慮如何重整關係的中的能量傾斜。

而關係何以傾斜？衝突與壓抑常常造成關係中的失衡、錯位，與遠離自身的中心。

當你們無法表達與活出內在的眞理，亦將造成能量的失衡。視現象（第三者或者任何外力）爲一個提醒，反觀自省你所經歷的關係。

關係中的戰鬥不是去剷除你以爲外在的敵人，而是去看看關係中個體所潛藏的恐懼、憤怒，與貪婪。覺察小我的意念和欲望，是如何在關係中影響你們。

而對治恐懼的方法，有時候並不是舉槍決鬥，而只是流動愛。驅趕黑暗的方法並不是與暗夜對抗，而只是閃耀你內在的光。戰鬥不僅是以力相搏，也是透過你內在的智慧去覺察與行動。

§

守護你內在的太陽

當你想要剷除那些不再能夠滋養你、讓你活出內在太陽的關係，你可以祈請杜爾迦女神的協助。

守護你內在的太陽是重要的，沒有任何關係值得拿你內在的太陽去交換。如果有，那這份關係就是使你耗弱的能量輸出，長久下去將使你枯竭。

而人在枯竭的狀況之下，是無法好好去愛的。

所謂好的伴侶，是相互支持彼此內在太陽的成長，是願意成就彼此內在之光的大放光明，是願意在發光自身的前提下，也照亮與溫暖對方。

事實上，好的伴侶是成就對方的關係，因為成就對方，就是成就自己。

當你膽怯於表達你的愛，你可以祈請杜爾迦的協助。祈請女神增強你行動的勇氣，去實踐你真正想要行動的課題。

又或者，當你感覺你在關係中失去了自己，迷失於內在與外在的地圖，祈請杜爾迦女神的協助，可幫助你重新定義內在的座標，感受你自身能量的存在，你內在閃爍的太陽，讓它們再度發光發熱。

與杜爾迦女神連結

連結太陽神經叢

太陽神經叢是我們內在的太陽，其大致位於肚臍上方約五公分處，對應身體中的腹部、胃、腸道與脾臟等處。太陽神經叢關乎一個人的自我價值、自我尊重與能量界限。

當我們內在的太陽是黯淡時，我們會迷失於自我認同的迷宮，導致汲汲營營於追求外部世界的掌聲，或者不斷讓渡內在的眞實，以尋求他者的認同。那是源於我們誤以爲內在的光芒來自外在，而非源於我們內在本來如是的完整。

杜爾迦女神的臨在，正是協助我們看見內在的太陽不假外求。

是的，我們不需要透過製造外部敵人，來激發自身的成長；也不需要透過控制外部力量，來證明自身的安全。

因爲成爲英雄和輾壓多少敵人無關，踏上英雄之旅，只在於我們有勇氣面對內在的陰影；因爲眞實的自性，就是力量。

連結練習

親愛的，你或許知道曬太陽有種種好處。譬如增加維生素D的生成、幫助骨骼與牙齒的生長發育、改善失眠與炎症、維持肌肉與神經功能等。而以下的練習，就是透過有意識地曬太陽，連結外部太陽與你內在的太陽。

✧無論是輕鬆地坐下來感受日光，或者在戶外行走；當陽光灑落時，請有意識地去感受被陽光親吻的感覺。做三個深沉的呼吸，將呼吸帶進你太陽神經叢所在之處。

✧感受太陽的能量已經透過呼吸，與你內在的太陽結合。感受那光明與溫暖的質地，正在激活你內在的太陽：讓它變得大、更亮、更有活力。

✧你可以待在這個狀況一會兒，感受內在的太陽如充電般地被滋養。而你所有的恐懼與煩憂，都將在你的允許下，在光明的照耀下被釋放。

✧接下來透過以下禱詞，祈請杜爾迦女神的能量，爲你錨定這份激活內在太陽的意圖：

「親愛的杜爾迦女神，

我感恩祢的神聖臨在，

為我點亮內在的太陽。

我感恩祢的臨在，

為我驅趕任何阻礙我活出更多光明的黑暗與懦弱，

因為祢的恩典正如同陽光灑落於我。

我知曉我比我的恐懼來得強大，

我是一千個太陽的光明，

我是一千個太陽的力量。

謝謝，

謝謝，

謝謝。」

✧感受那一千個太陽的能量已經在你之內溫暖的燃燒，它們將能在日常生活中爲你增添活力。

無論你要攀登的是外在高峰或內在的丘陵，無論你正在經歷的是生命中的懸崖或靈魂的幽谷。記住了，透過這個練習，你已經不是孤單的人，你內在有一千個太陽在閃耀，你有杜爾迦女神光芒四射的看顧。

如果可以，你可以每天進行這個練習，祈請杜爾迦女神爲你的內在太陽增光。

愛你們，獻上祝福。

IV

—— 綠度母 ——

Goddess Green Tara

四、綠度母

#慈心的力量　#獻出痛苦　#對自己仁慈
#你就是愛　#開啓心輪

以慈悲的扁舟度生命一程

我們是慈心的力量，是為了利益眾生，給予行動與勇氣的神聖存有。
當你需要突破困難，化解困境，度母的能量如一把鋒刃無比的真理之劍，斬斷所有橫亙的阻礙與無明。

Note from Josephine

與愛重逢

第一次有意識的知道綠度母（Green Tara），是在少女時期。那時我參觀了一個在台北展出的西藏文物展，而在包羅萬象的西藏文物中，有一幅唐卡深深吸引了我。

那時我並不知道唐卡中，這個全身散發綠光的曼妙女神是誰，然而只是看著祂，我的眼淚就不知為何激動的狂奔而流。

說狂奔並不誇張，因為那個流瀉的淚水，是突然之間有一股暖流直擊心輪的顫動。那是當我的頭腦還來不及思考，心已經被這股暖流完全淹沒的臣服。

在此生有限的記憶中，有幾次這樣超越頭腦而心輪乍然綻放的體驗，那是神光的恩典，慷慨地對我回眸一笑的瞬間。一次是恭聽十四世達賴喇嘛的演講，當尊者進入會場的時刻，慈悲的暖流即刻排山倒海般地將我溫柔覆蓋。另一次就是與綠度母女神的相遇。

那是「頭腦不知道，但靈魂都知道」的久別重逢。與愛重逢，與慈悲重逢。

獻出你的痛苦

據說，綠度母是觀世音菩薩的化身。觀世音菩薩悲憫蒼生沉緬於六道輪迴不得解脫，於是誓願救度眾生。然而眾生卻依然故我、執迷不悟，於是菩薩在悲憫中流下眼淚。菩薩右邊的眼淚中生出綠度母，左邊的眼淚中則生出白度母；兩位度母皆誓願協助觀世音菩薩救度眾生，使其降伏魔障，身心安樂。

而這個從觀世音菩薩右眼悲憫的淚水中誕生的女神，有著菩薩救度世間苦難的慈悲，和助其成就積極顯化的行動。祂在畫中的形象多爲容貌淸麗、身材婀娜多姿的妙齡少女。其座像中的雙腳展右屈左，右足踏於蓮花之上，表示祂隨時起身救度眾生的即知即行。而所謂「度母」，即是度化眾生的母親。

對我而言，綠度母確實如同我靈性上的母親。

那些曾經無法輕言爲外人道的困頓幽谷，在彷彿深不見底的靈魂暗夜裡，我多次在綠度母前嚎啕大哭，如同無助的孩子般尋求母親的保護。

在我因遭人背叛利用、悲憤莫名而無法原諒的時候，是綠度母協助我，將我的憤怒與悲傷完全消融。

那時的我，很害怕自己成爲一個被憤恨情緒掌控的人，於是請求綠度母爲我驅趕當時籠罩於心中的情緒魔鬼。因爲憤恨不僅讓我無法原諒他人，讓我痛苦，更讓我無法原諒那個曾經如此信任他人，對他人無條件敞開的自己。

當時，綠度母給我的解方是：「孩子，將你所有感受到的憤恨、悲傷與痛苦，完全交給我吧。」

綠度母沒有漠視我這些沉重的情緒，反而要我交託給祂。因爲：「禮敬我們，不是只有將你的祈禱獻給我，你的悲傷與痛苦也能一併獻給我。」

於是一旦痛苦的感受來襲，我就深呼吸，然後在意念中將這些痛苦有意識地交託給神聖的母親。一次、兩次、三次……很多次，直到那些憤恨的情緒能完完全全被交託，直到它們消失，直到那些痛苦的感覺彷彿從來就不存在。

這是綠度母的愛，實際伸出祂有力的雙手，接住往下墜落的你。

無論痛苦或悲傷，那些無明的情緒都是虛幻的，然而虛幻之物並不代表它們不會令人受苦。度母的救度，即是悲憫我們困頓於這些虛幻之中，卻無法醒過來的慈悲。

祂同理人世的苦，祂不輕視我們的煩惱，祂有萬全的策略與高效的行動力，隨時準備助我們一臂之力，只要你開口請求。

度母的愛也是無與倫比的強大，大到足以無染的消融你最大的憤恨、最深的愁苦、最難解的糾葛，只要你願意獻出它們。

當你獻出它們，無論是你的恐懼、憤怒、悲哀，你的忌妒、脆弱、焦慮，你就在透過交出小我的習氣與情緒，而臣服於更高意識的神聖智慧。

這個體驗，讓我領會度母的慈悲是何等深邃的智慧。當我們泅泳於人世江湖，能引領我們度自己一程的，其實正是我們對於生命的臣服。

在脆弱的時候，仍然擁抱自己

慈悲的精要，是你能先對自己慈悲。你願意無條件接納自己，給予自己理解與支持。而當你能對自己發展出足夠的慈悲，你對於這世界的理解，也將是慈悲的。

憤怒都在提醒你：請轉身擁抱自身內在的荊棘。如果你需要的理解與溫柔，你都不能給自己，那麼，誰能給你呢？

慈悲是在即使最脆弱的時候，你仍然能擁抱自己。

§

對自己的仁慈

保持慈心，那麼請對自己仁慈。

當你選擇恐懼或欺騙，那就是對自己的不仁慈，因爲那將扭曲你的能量場。恐懼與欺騙的能量，將在你們的心輪裡產生衝突。

眞正對自己的仁慈，是過一個正直與善良的生活，是說自己眞正相信的言語，並行動自己眞正能夠認同的行動。

無論何時何地，無論做人做事做生意，無論他人是否知曉，都是如此。

純眞會引領你走向你的康莊大道，即使那看起來是愚人的途徑？然而在靈魂更高的藍圖裡，愚人其實是通往智者的道路。

§

錨定更高意識，穿越生命風暴

透過錨定於更高意識，你將能夠穿越各種生命風暴。而風暴，其實也不過是幻境。

當你能以平靜之心走進風暴，風暴也將因爲你的平靜而不再狰獰。

請透過平靜的自持，走出屬於你的風平浪靜。

求道者關注的是覺醒，而不是世俗的風景。

世俗的風景都不過是你們要穿越的一部分；好的壞的，那關乎世俗的評價，而不關乎真理。

而當你錨定於更高意識，你能走出的道路，就是最好的道路。

§

力量不在外面，力量在自己身上

親愛的孩子，請記得永遠愛自己。

你內在就有無窮無盡的資源，用以滋潤自身生命，而無需等待他人對你做什麼。

你內在就有強大的能力能夠給自己。當你感到缺乏，你的雙手就在你身上，你能夠即刻給自己一個大大的擁抱嗎？

成爲自立者，如此你才更能助人。成爲將力量放在自己身上，並知覺自己本身就是力量的覺醒者，如此，你更能以這樣的姿態去給予你周遭的世界。

你是所有的根本，力量不在外面，力量就在你自己身上。

那些試圖從你們身上得到力量的人事物，除非你的允許，否則他們是無法做到的。

在意念上看見自己是自身力量全然的擁有者，那將使你無論在任何層面，都不會輕易讓渡自身的眞實。

你們能夠給予、分享你的力量，但不是將自己的力量交到他人手上，讓他人來決定你的情緒與行動。那是完全不同的概念。

當力量在自己身上，你對此負起全然的責任，並擁有行動與改變的自由。當你將力量交給他人，你則成爲被動的反應者，並讓自身的力量分散，這將影響你們顯化的行動力。

請專注於自己，不要耗費能量在與他人比較。而你專注的能量能幫助你成事或成道，這關乎你想將能量導向何處的意圖。

§

你就是愛

愛是一種品質，而不具備指向性。

你可能將你的愛，投射於你周遭的世界或者某個對象，但那份愛的能量與頻率的品質，是在你之內的。

愛不置外於他人，愛就在你之內。

你們言語中所謂：「我失去了愛」，究竟上是錯誤與不可能的。

你們永遠不可能失去愛。關係可能分裂與別離，但你不可能因爲這些關係的變動而失去愛，因爲愛是存在於你之內的。

而你爲何會感覺「失去愛」呢？因爲你將愛投射於某個具備指向性的對象，投射於外面的世界。你透過他者來體驗你自身的愛。這是透過外，來體驗內的過程。

而透過知曉與體認你本身就是愛，你所流瀉與傳遞的品質將截然不同。

當你有意識的體認「自身就是愛」，你不會向外索討，汲汲營營於追求，或者執著於得到。因爲愛就是你，你就是愛。

你無須向外攀求，而是在對於自身就是愛的體認裡，更敞開地去表達你本身就是愛的事實。透過你的意念與行動，你的一言一行，愛就在你身上開花，而芳香將冉冉潤澤他人。

而當你一味投射你的愛於外在的世界，你會以爲愛在他者身上。那等同是將力量交託於外在的世界，而不是用於你內在能量的充盈。

當你把能量交託於外，那是痛苦的來源。因爲如此，你將被動地成爲命運的承受者。

勇於對自身負起全然的責任，是因爲你看見：你就是愛的能量場，你就是你力量的核心，因此你能夠全然地詮釋這世界的發生。

知覺自身是有力量的人，將能夠引動生命故事的改變，因爲那是主動的創造，並知覺自身有能力去改變。

那不是伸手索討他者的愛，而是能夠大方表達與傳遞自己就是愛的事實。

當你看見自身的力量，勇於給予，能量的流動將回到你自己身上。如此愛會滋養愛，成爲更茁壯與有力量的。

§

幸福的祕訣，是看見一切都是相連的

守住本心，因爲心是通往宇宙門戶的引擎，是通達宇宙的橋樑所在。

請澄澈你的心，因爲心愈純粹，愈能以通暢的管道與宇宙連結。

而爲何要與宇宙連結？事實上，你們本來就是連結的。你與日月星辰無異，你是它們、也是我們，你是所有其中的一分子。

自覺分離是幻象與痛苦的開始，幸福的祕訣，則是看見一切都是相連的。

當你在關係中看見你與對方是一體的，會湧現更多的慈悲，設身處地於是成爲可能。

而當你在生意中看見你與對方本質上是同一的，你是否能站在利他的大我觀點，思考如何共好與雙贏？

而當他人的成功也是一己的成功，這乃是眞正的豐盛之道。

就個體而言，知曉自己與宇宙深深相連，會使你們突破孤單奮戰與孤獨寂寞的幻象，進而看見自身的豐盛與圓滿。因爲你被護持你的宇宙所深深愛著，只要你願意鬆軟下來，接受那無所不在的支持與協助。

而如何讓宇宙的神聖力量支持你呢？祕訣就是：當你呼求，你就得到。

勇於呼求，勇於打開你的心去接受與承接，這就是關鍵態度。

對於喜歡的人事物來到面前，打開心去接受是容易的。但是對於你所討厭的，你會怎麼做呢？

你是否能先深深吸一口氣，讓自己的緊張與批判鬆軟下來，仍然打開心去接受呢？

當你能無條件的接受一切來到眼前的，而不是耗費氣力去抵抗、批判，與怨懟，那麼，你自然能以最優雅的姿態穿越任何風景，並體會愛的無所不在。

你愈抵抗的，愈會成爲你的挑戰與困境。而你能夠鬆軟開來的，會成爲只是經過的風景。

打開你的心，是知道你的心無論如何都將一無所失。那個破碎與受傷感覺的幻象，來自於你們以爲自己和整體是分離的。

而那個分離的感受正在提醒你，請重新看見自己的完整。

§

愛是最強大的保護

咒語是一個載體，其透過你們的虔誠意念發揮效果。

咒語是一條路徑，是通達光與愛的路徑，是能爲你設立能量保護場的路徑。因爲當能量足跡已經成形，就能更有效率的幫助你們調整到某種狀態。咒語能幫助你們錨定，專注於你想要企及的頻率。

綠度母心咒（Oṃ Tāre Tuttāre Ture Svāhā）是保護之咒，能幫助你們以高頻能量去對抗邪惡與負面能量的干擾。而這份防禦與保護，是基於愛的願心，是基於行動的慈悲，因爲愛是世界最強大的保護。

當你們念誦綠度母心咒，請深深將氣息吸入你的心，感受內在能量的飽滿與擴張，並從這份擴張中持念咒語數次，讓咒語的能量安靜你，讓你能更歸於中心，感受內在的穩定。

如此你會知曉，正是你內在這份安住的篤定，而不是恐懼或者基於害怕的防備在守護自己。

心輪開啟的祕訣，打造自己的咒語

心輪的開啓有賴於中脈暢通，而中脈如何暢通？在於內在情緒的清理與釋放。

心輪開啓的祕訣，不在於增加什麼，而在於減去什麼。

減去那些附著於你之上的情緒塵埃與記憶束縛，好讓你看見你本自具足的愛與平靜。愛與平靜不是添加上去的，那是當你去除迷障之後，就會看見的眞實。

體驗這份眞實，就從感受與覺知你的情緒開始，如實面對任何自你內在升起的感受，如實看見，知曉這份情緒不是透過外在的引動，而是來自於你內在的投射。

當你的憤怒與恐懼很多，你的心就會很擁擠。而一旦心擁擠了，你如何能感受內在空間的寬闊，甚至無邊無際呢？

事實上，你的心是通往宇宙的門戶，是你聯繫更高意識的入口，是你能夠透過潛入內在空間而瞭知自身生命的通道。所以，在你的生活裡，請利用任何可能的機會，去除那些擾動你平靜的阻礙。

而透過如實的看見，溫柔的釋放，你可以做到。

持誦綠度母心咒是你可以使用的工具。但你也可以根據內在的靈感去運用你自身所接收到的咒語。

咒語本身的神妙效果在於透過你們的意念傳達能量。而當能量匯集，能量路徑成行，咒語自然產生效益。

所以，你也可以透過發展自身有感應的咒語或者肯定句，來提醒自身錨定於你所渴望成爲的品質。如：#我是平靜 #我是愛 #我是一切萬有的空無 #我是光明 #我是豐盛。都可以！

運用想像力，打開你的心去感應什麼最能與你心心相映，在每日早晨觀想你的咒語（或綠度母心咒），將自身意識錨定於這樣的意念。

如果你的咒語是「#我是平靜」，那麼在任何情緒浮現時，召喚你的咒語來到心中，持誦或者默念這句話，感受言語的力量從你的心，擴散到你所有細胞，你身體的每一處。

在每一次情緒浮現時都這樣做，你就在創造自身的能量路徑，並將那些紛雜破碎的情緒能量釋放，並導正於「我就是平靜」的頻率。每一次都這樣做，你會慢慢看見自身的改變，那是心輪擴張所帶來的平靜。而這份平靜將深深滋養你的生命，並讓你看見你就是愛的事實。

§

真正的慈悲沒有犧牲

慈悲是奠基於愛自己的前提，任何建立於對自己的不愛，無論是犧牲或讓渡內在的眞理，都不是眞正的慈悲。

有時候，當你的生命遇到困境與挑戰，那是爲了讓你學習慈悲。然而這個學習不僅是對他者的慈悲，更是對自己的。

對自己的慈悲，是永遠支持與接納自己的仁慈。

犯錯有時，迷路有時，但那都是人生幻境的體驗。從體驗中生出智慧與繼續前進的勇氣，才是這趟旅程主要的目的。

而對自己的慈悲，能夠協助你在面對任何挫折與挑戰之時，都能不撻伐自己、不譴責自己，不讓後悔與怨懟的能量拖住你，阻礙你以輕盈的步伐繼續前進。

犧牲自己來成全他人看起來是慈悲的，但那只做了一半；因為眞正的慈悲是沒有犧牲與委曲求全的。

眞正的慈悲是圓滿。而什麼是圓滿?是你在愛自己的前提下愛人，是在愛人的前提下同時滋養自己。

慈悲可能是溫柔的，慈悲也可能看起來是粗暴的。因爲慈悲是能量的品質，而不是表面的現象。

一個看起來慈悲的行動，內在的動機與意念可能是偏狹的小我中心。而一個看起來嚴厲，甚至粗暴的行爲，卻可能是引領你走向覺醒的慈悲。

以你的心去感受那所謂慈悲的能量，感受這股能量是否能讓你的心輪更加開啓，還是更加緊縮？是讓你感覺更輕盈，還是更沉重？如此你能超越人事物的表象，去看見慈悲的眞相。

§

以智慧為出發的慈悲

慈悲並不總是一呼百諾，一味給予他人想要的。慈悲是立足於自身的中心，以智慧去判斷與導引的行動。

沒有智慧的慈悲將造成盲動，因爲這份行動可能未能站在更高的觀點去協助他人眞正的成長。

以智慧爲出發的慈悲，是因時制宜的善巧，它看起來可能是給予，也可能是拒絕。

它可能是春風拂面的溫暖，亦可能是狂野暴烈的巨浪，那取決於情境眞正需要什麼。

這正是爲什麼度母的化身具有各種面向，或莊嚴或威猛，那取決於在情境中流動的智慧。

連結心輪

心輪對應心臟周遭，與心輪有關的部位包括：心臟、肺部、手臂、手與上呼吸系統。心輪的梵文爲 Anahata，其意爲「沒有兩物敲擊的聲響」，也是「未受打擊的」。這暗示了你可能有心碎的體驗，但你的心，究竟而言不可能眞的破碎。因爲你的神性本質不可能眞的被擊打，自始至終，你從來都是完整的。

當我們能在太陽神經叢所在之處，發展了立於內在太陽中心的健康自我，我們便能向上來到心輪所在之處，打破自我的界線去擴展更大的愛。

而如此的愛，因爲啜飲慈悲與智慧的甘露，因此能不受擊打。

這也是綠度母的智慧：付出不是犧牲，而是豐盛的給予。行動不是盲動，而是根據內在的眞理舉重若輕。而你若能對他人眞正慈悲，是因爲你同時也能將慈悲之光，慷慨地灑落給自己。

連結練習

在我行經靈魂暗夜時，綠度母是我的神隊友。祂大氣的要我將痛苦全然獻給祂，如同獻出我的虔誠與禱告。

祂不只接收我手上的玫瑰，也接納了玫瑰的利刺，並透過祂的萬丈慈心，將荊棘轉化爲軟綿的花瓣。最終那些我以爲的痛苦，都如同落花般紛紛墜落，化作春泥又護花。

這個會經與現在都支持我的綠度母心咒，如果你願意，你也可以連結它的神聖力量：

Oṃ Tāre Tuttāre Ture Svāhā（翁・達列・嘟達列・嘟列・娑哈）

✧每天早晨（或任何你想要的時間），給予自己安靜的五分鐘，靜靜坐下來。

✧深深呼吸，將氣息飽滿的吸入你心輪所在之處。

✧然後持誦以上綠度母心咒，感覺心咒隨著你的唱誦漸漸深入你的內在，擴張你的心輪。

✧感受你的心被綠度母的慈悲綠光所深深籠罩，而那些與你神性本質相違背的塵埃，也一併在綠光的恩典中被清理與消融了。

是的，你的心不受擊打，你始終完整，你的吸吐之間都是愛的風息。一切如其所是。

愛你們，獻上祝福。

151 綠度母 ***Goddess Green Tara***

V

—哈索爾女神—
Goddess Hathor

五、哈索爾女神

#成爲豐盛　#錨定更高意識　#守護內在良知

#說眞實的語言　#愛的練習

以愛的練習踏上豐盛之道

我們常以陰性的能量型態出現，但其實我們是不分陰陽的能量，是整合的神聖存有，主要在於提供你們面臨選擇時的人生指引，以及充滿愛的洞見。

我們是慈心的力量。對於面對任何挑戰與困境，都不放棄慈心與善良的靈魂，我們將給予祝福與協助。

在你的所有選擇裡，都選擇愛與慈悲的那個，都選擇與你內在真理完全協調與一致的那個。無論世俗的觀點如何衡量，都遵循愛的平衡原則去做選擇，如此便不會產生業力，這是最乾淨、明晰，與有智慧的選擇。

Note from Josephine

哈索爾（Hathor）是埃及的豐盛女神，祂掌管的領域，和愛、美、富足、音樂、舞蹈相關。祂關懷蒼生，守護母親與小孩，並受到工匠的崇拜，稱之爲「綠松石之神」。頭頂上的牛角和太陽圓盤，是哈索爾的象徵，那意味著祂的能量與象徵富饒與滋養的牛角有關；而祂給予的愛與看顧，則如同太陽般是光明的慈悲。

在收到指引要寫一本關於女神訊息的書之前，我其實和哈索爾女神並不熟悉。然而當指引中流瀉祂的名號，我即刻知道宇宙指引的原因。因爲哈索爾女神的豐盛能量是如此渾然天成，集結了美與豐饒，是對歌唱與舞蹈的詠嘆，也是對於我們活著的禮讚：我們的生命本身，就是一個如此值得慶祝的禮物。

當我們從黑色聖母卡利女神那，學習到如何直面陰影的勇氣；從女戰神杜爾迦那練習如何爲自己出征，勇敢走上自身的英雄之旅；從綠度母那接收愛的點化，以慈悲爲扁舟，以智慧橫渡人生的各種驚滔駭浪；到了哈索爾女神的篇章，祂要引領我們的，則是如何錨定於更高意識，以活出充滿愛與美的豐盛人生。

因爲生命的究竟，並不是要克服的困難，而是要體驗的旅程。

而如何盡情盡興的體驗，以優雅的姿態、有智慧的穿越，正是哈索爾女神要分享給我們的禮物。

這個禮物，是關於愛的練習。練習什麼呢？練習守護純眞的初心，看見內在的完整。練習如何將你的言語點石成金，並且以眞實活出美。

愛的練習也是關於引動豐盛的引擎，珍惜自己的身體，保護自身的能量，並且知曉如何有智慧的分享。

愛是名詞，是動詞，是意識，也是行動。而透過愛的練習，哈索爾女神邀請我們走上豐盛之道，活出屬於自身的女神光芒。

守護內在的良知

守護你內在的良知，那是最寶貴的東西，那映顯了你的價值與眞實，幫助你行走於世間而能行雲流水，無入而不自得。

事實上，良知是你們行走於世間，眞正能夠攜帶的寶藏，持守它。

內在的良知是你未被馴化過的善良與眞知。不是依循世俗法律或者道德的判斷，而是內在未被馴化的善意、良善，內在深處的知曉。

§

愛情的目的

愛情的目的是提升你，讓你內在的陰性與陽性能量，能夠透過他者的引動而得到平衡。

事實上，你們本身就是陰陽同體的存在，但在能量上卻未必平衡。透過愛情，能夠幫助你們達成能量上的平衡與協調，成為更完整的人。

你們並不是透過你的對象而完整，事實上，你們本來就是完整的。對象的存在，能夠幫助你去看見你的不平衡，進而有覺知的進行調整，而得以活出更大的平衡。

當你平衡了，你不會因為內在的缺乏而向外追逐，而能夠靜定的存在。當你能夠靜定的存在，你就能夠從內在，清楚感知自己的完整。

一切，本來就完整的在你之內了。

§

言語的力量

我們是愛、豐盛、喜悅與美的能量。我們會支持心懷慈悲、帶著善意去行動的人們，實現他們的夢想。

我們也掌管聲音、樂器，對於喉輪的開啓與運用，我們能有所貢獻。

言語本身就是力量。當喉輪的能量鎖住，你將無法充分的表達自己。而當你扭曲的表達自己，你說的言語違逆了自身內在的眞理，你就是在昭告宇宙：你不値得以最眞實的模樣被對待，因爲你已經先那樣對待自己了。

說眞實的語言，表達眞實的渴望，是開啓喉輪最簡單的行動之一。

善用喉輪的能量，意味著你能透過眞理之音的傳遞，去推展事物的運行。

言語本身的能量是強大的，任何你們看見的行銷或媒體宣傳，某一部分都是透過言語在傳遞訊息。留意你的起心動念，確認你傳遞的訊息是否符合你內在的眞理；而不是基於恐懼、忌妒，或焦慮。

錨定於最高意識而發言，將使言語發揮最高力量，並對世界提供最高最好的服務。

沉默也是語言的一種表達形式。沉默不僅是安靜，而是在不說中，說了什麼。

善用沉默的力量，知道何時應該沉默、何時應該言語。傾聽停頓之中的意義，你會更明白他人的表達，並能適時回應。

言語也帶來豐盛。說你想要的，而不是用言語說你恐懼的。

說對自己正面的評價，而不是說對自己的詆毀、譴責，或者不愛的言語。你說什麼，你就在表達什麼；透過表達，你就在彰顯你存在的力量。

說太多，盲目地說，是能量的發散。如何妥善運用能量，反映你們的智慧與選擇。

§

為靈魂添光，走上愛的途徑去活出美

愛與美的智慧是無所不在的。

愛與美不是你要到深山或者仙境去尋覓的東西。愛與美的香格里拉，就在你心裡，在任何你想要創造的地方。

愛如同空氣，你可能未有察覺，但事實上，你們就是透過愛來存在的。愛生成了你們、造化了你們，也是你們來此的原因。

學習愛，體會愛，平衡愛，創造愛。這一切關於愛的體驗與循環，正是宇宙最偉大的創造，宇宙正是透過這樣愛的循環與創造，來壯大與演化自己。而你們也是。

當你感覺虛弱無助的時候，請憶起自己就是愛，而不是盲目地去尋找。

因爲你尋找的東西，其實就在自己身上。你在愛人身上看到的光，其實正是你自己的光。你在愛人身上看見的美，其實正是你自己的美。

而什麼是美？美就是愛的展現。

任何因爲愛的動能而構成與展現的人事物，都是美的表達。所以你會看見秩序之美、邏輯之美、井然有序之美。你也會看見歪七扭八之美、混亂之美、醜怪之美。

關鍵在於推動這一切的動能是什麼？當推動這一切的動能是因爲愛的能量，那無論它展現的形式是生命或死亡、是秩序或混亂、是安靜或活動、是黑白或彩色，它都是美的。

成爲美的，你只需要成爲有愛的。

愛將讓你的靈魂因爲閃耀而增光你的皮囊。你可以在你的皮囊上大做文章，但那終究無法爲你的美添加一分一毫。你或許能讓你的皮囊看起來更漂亮，但沒有愛，對你的美是徒勞無功的。

因爲美不是皮囊的事，美是靈魂的事。

爲你的靈魂添光吧，那麼，請走上愛的途徑去活出美。

§

豐盛不是追求，而是成為

無論你想得到的是什麼，是愛，是豐盛，是人世間的財富與名望，智慧的途徑都不是去追求，而是去成爲。

成爲你所渴望的品質。而品質意味著頻率，頻率會吸引相應的一切來到你身邊。

你若想要的是白馬王子，那麼你是一位公主嗎？你若想要過上富貴人家的生活，那麼你是慷慨的，還是充滿仇富的怨懟與批判呢？你想要他人接受你，那麼你是否願意接納他人的眞實，而不是批判他們？

財富只和有「豐盛意識」的人做朋友，因爲豐盛意識吸引了一切豐盛的能量，而金錢只是豐盛能量的顯化而已。而愛會靠近愛，而不是冷漠。

盲目追求，只是徒勞無功。愈盲目，則愈顯示你的缺乏，而缺乏，只會吸引更多的缺乏。

豐盛意識與你當下擁有多少物質沒有關係，而是和你怎麼思想與感受有關。而你所擁有的，和你未擁有的相關。

你對你所擁有的心懷感謝嗎？還是認爲它們只是理所當然。你對你未擁有的，能加以祝福嗎？還是充滿忌妒與負面的批判。

豐盛意識是對一切擁有的與未擁有的，都抱持正面態度。正面的意思是：你的能量波是喜悅的，而不是恐懼與怨懟的。喜悅會爲你帶來更多喜悅，而更多的喜悅會爲你吸引豐盛。

還有一個關於豐盛的小祕密，就是不抱怨。

抱怨是很臭的能量，它吸引的只有更多惡臭的品質。你所抱怨之物不會因爲你的抱怨而減少，相反的它們會如影隨形。

豐盛則是芬芳的品質，所以請讓自己芬芳，請讓自己綻放，在任何你的處境裡，你都是能夠綻放的。誰說只有牡丹能夠綻放，而雛菊不行呢？你們各有各的綻放，各有各的芬芳，各有各的豐盛。

豐盛意識也是不去比較的智慧，當你專注於自己的綻放，你的芬芳自然會吸引你該有的豐盛。和他人比較是浪費能量而且不明智的，玫瑰會和蓮花比較嗎？這種比較完全沒有必要。

§

對你的忌妒保持警覺

還有一種很臭的能量是忌妒。忌妒不僅是匱乏，而且還是恐懼的能量。

忌妒的惡臭是相當沉重的，會讓人的心輪緊閉，而人一旦心輪緊閉，即無法與更高的神聖意識連結，因此會呈現無明的愚昧狀態。

那些因爲忌妒而產生的報復、對抗與掙扎的行爲，都是因爲心輪阻塞，而讓小我心智做主的結果。

時時敞開心輪，有意識清理心輪，並保持內在潔淨的人，是比較不容易忌妒的。

而一旦你們有了忌妒的感覺也不必驚慌，但是需要對此保持高度警覺，警覺自己爲何恐懼，爲何匱乏。恐懼與匱乏的能量在哪裡挾持了你？請對它們保持警醒，因爲它們是危險的。

忌妒是使你們變得醜陋的敵人，也是讓你們即使擁有了全世界，依然不會滿足的魔鬼。忌妒讓你們無法體驗愛，而活在懷疑與憤怒之中。

要讓一個人滅亡，就讓他們忌妒吧，因爲他們的滅亡將不耗費你一兵一卒，眞正毀滅性的敵人，已經在他們自己之內了。

同理，你們也應當看好自己的內在，不讓忌妒這種沉重的能量，絆住你們往下沉淪。

當你警覺到忌妒的敵人鑽進你內心，你可以呼求哈索爾的協助。我們會協助你釋放恐懼與匱乏的感受，而以愛與美的能量取代。

愛是祝福他人的成功與擁有，而這份對於他人的祝福，終將轉化爲你對自己的祝福。

美是看見自己的眞實，欣賞自己的芬芳，而這份對於自己的悅納，終將轉化爲你也能欣賞他人的美好與豐盛。

§

珍惜你的能量

珍惜你的能量，那意味著你知道要將自身的時間與精力，和珍惜你的人分享。

不要爲了迎合世界而討好，或爲了得到什麼而假裝不是自己，那將讓你的能量產生糾結與扭曲。

活出輕盈的祕訣，是確保你的能量是通透的，你不會因爲機關算盡或者屈從討好，而扭曲了自己的眞實。

珍惜你的能量也意味著，你知道你眞正要投注的是什麼，而不是盲目地將你的能量用於打發時間。

時間是珍貴的，怎麼會用來打發呢？時間若是用來打發，那表示你尚未找到生命的意義，那將使你的能量沒有聚焦之所，而只是盲目的發散。

看見你的熱情，並追尋內在的熱情去行動與探索，那將使你知道應該將能量投注於何處。請將能量投注於能使你活得更大、更寬闊、更沒有限制與緊縮的地方。

也請注意，你都和誰在一起呢？你最常接受什麼樣的資訊呢？你都讓自己處於什麼樣的環境？

你周遭的所有人事物無不在和你共振與相互影響。當你一直和悲傷與充滿憤怒的人在一起，你似乎也很難樂觀與喜樂的生活。當你不斷接收恐懼與充滿懷疑的訊息，你似乎也很難安放你的心。當你的環境充滿骯髒與毒物，你似乎也很難讓自己處於潔淨與純粹。

有意識地選擇你要與誰相處。因爲與人相處，就是將自己的時間與能量與他人分享。

有意識的選擇你要接收什麼樣的訊息，因爲你接收的任何訊息，都將成爲你有意識的想法或者無意識的念頭。

有意識的選擇你要處於何種環境，這些環境能讓你更安定還是更浮躁？更放鬆還是更緊張？更清明還是更沉重複雜？

有意識的選擇。因爲透過每一次的選擇，你都在爲自己開創新的可能與機會。每一次選擇，你都在選擇珍惜你的能量，或者只是盲目的消耗它。

你的能量很珍貴。

當你能夠聚焦於你的能量，跟隨內在的熱情去創造，你的能量將會引領你成就你生命應當走上的道途。它們會協助你去創造與顯化生命中的美妙、你所渴望的豐盛與富足。

反之，當你虛耗你的能量，盲目地發散，每一次無意識地消耗能量，都在讓你的力量分散。這個分散的過程不僅讓你的力量無法集中去行動，也會讓你找不到自己的根基，你甚至會容易感覺疲憊，缺乏與大地連結的踏實感。

你的能量很珍貴也很偉大。請靜下心來，感受你眞正的熱情，感受你的疲憊是否因爲你未能跟隨內在的熱情去行動，反而是在偏離的道路上流連忘返？

迷路是沒有問題的，迷路有時候是爲了讓你能夠找到回家的路。

有意識的在你每一次的選擇中，找到你該如是踏上的道路；你就在每一次的選擇中，一步一步回家。

§

傾聽你的身體

善用你的身體，傾聽你的身體，與你的身體爲友，因爲身體是你能夠活出更大豐盛的工具。

身體積累了許多你們的情緒塵埃，塵埃積累久了，就會成爲厚重的附著物，而讓你們的生命無法輕盈。

有意識的面對與處理你的情緒，將使身體內在的能量場更流通、更沒有阻礙，你也會因此感覺更有活力、更健康。

而活力與健康，將讓你的這一趟生命旅程更輕鬆。你能夠將能量更有效率地運用於任何你想要創造的事物，而不是用於關注與解決身體的狀況。

當你的身體狀況需要你花費很多精神氣力去關注，你將容易困於物質世界的劇本，而難以有餘力去創造超越物質層次的劇本。

有些覺醒的大師能夠超越身體狀況的幻象去成就，有些甚至能利用身體的病痛作爲工具，可能是作爲一種無論如何都能夠活出覺醒的示範；或者透過病痛而清理或者留住某些業力。然而，當你的旅程還未走到看見自己其實就是大師的眞實，請好好留意你的身體。

不要忽略你的身體，它們是你在這個次元的飛行器。守護它、愛惜它、傾聽它給予你的訊息，這將有助於你們行走於世間，而能夠有一趟更輕鬆愜意的飛行。

你的身體總是有許多訊息要給你，請學會傾聽。你的腰痠背痛不僅來自於你的久坐未動，也反映你精神上的壓力。你的髖部很緊繃，不僅是你的肌肉很緊張，也在於你有黏膩而未能釋放的情緒。

傾聽身體的訊息，那意味著善用你的身體，你的身體隱藏了許多你能夠讓自己活出更輕盈的指引。

§

有豐盛意識的分享

分享是當你慈心滿溢，你豐盛有餘，而能夠自然而然給出的能量。

分享裡沒有犧牲，而是豐盛意識。因爲恰恰你是富足而有餘的，所以你能給出你的能量去潤澤他人。

有豐盛意識的分享，將讓你的分享更能豐盛自己。無論你所分享的是知識，是洞見，是物質，是金錢，或是你的服務。

分享知識，將讓你對於知識的理解，更深邃更通透。
分享洞見，將使你的洞見能琢磨爲更鋒利的刀劍。
分享物質，將使你對於物質的運用，能更加豁達與豐裕。
分享金錢，那麼你是金錢的主人，而不是奴隸。

當你能夠慷慨與喜悅的分享，慷慨與喜悅的能量將回報於你更多。有豐盛意識的分享，你所分享之物將加倍奉還。

分享也是心輪能量的開展，當你的心愈開展、愈擴張，它們所能容納的豐盛也將愈多。
透過分享，你就在擴張自己的流域，成爲更能容納百川的汪洋大海。

能讓分享的能量更輕盈的祕訣是什麼呢？是當你分享了，你就放下期待。

放下分享之後會得到什麼結果、會獲得什麼回應的期待。

如同當春風分享了它的力量，攜帶有緣的種子落地生根。種子是開一朵花或長成一枝草，那是自然而然的造化，而不是勉強去達成的結果。

如同流水分享了它的力量，是讓人乘載一葉扁舟到達彼岸，或者給人飲水供人解渴；那是順其自然的狀況，而不是你要期待的結果。

當你分享了，要有風的豁達，要有水的流暢，允許分享的能量自由的觸及，自在的生成，自然的造化。

當你的分享中沒有執著、沒有期待，你的分享就會如風自由，讓人如沐春風。你的分享會如水寬闊，溫柔潤澤你所行經的土地。

與哈索爾女神連結

連結喉輪

當我們說眞實的言語，我們就在傳遞眞實的能量。而眞實（太陽）是引領生命活出豐盛（牛角）的基礎，也是哈索爾女神所象徵的力量。

喉輪對應的身體部位包括咽喉、氣管、頸椎、口腔、食道、肩膀、手臂與手。當喉輪失衡，我們將難以表達自我，並感覺自身不被傾聽、不受重視，或備感壓抑。

而失衡的喉輪不僅會讓人不敢說、無法說，有時候也會說太多，言多必失。相反的，當喉輪能量平衡時，我們能說該說的，在剛剛好的優雅中充分表達並進行創造。

而如何擁有平衡的喉輪呢？哈索爾女神給予的提醒很簡單：請檢視與覺察你每天都對自己說了什麼？是說批評與貶低自己的話，還是鼓勵與支持的言語？

當你每天照鏡子，你是怎麼評斷鏡中人呢？是抱怨自己又老又胖又醜，還是感謝與讚美在你眼前這個神聖與美妙的造物？

而你怎麼說自己，你就在怎麼創造自己，並創造世界對你的投影。

連結練習

以下練習，我們要在鏡子前進行。

✧每天早晨或睡前，請在鏡子前，好好看看自己至少三分鐘。感受當你觀察自己的時候，你內在升起什麼感受？

✧如果你心中升起的是對自己的批判：無論是臀部的橘皮、增加的皺紋、冒出的白髮、下垂的胸部，或突出的小腹。無論是什麼，請先做一個深沉的呼吸，然後將你的手，輕輕放在你所批判的身體之處。然後看著鏡中的自己，對自己說：

「對不起，請原諒我，謝謝你，我愛你。

從今而後，

我愛所有的我，

我愛我本來如是。

祈請哈索爾女神的神聖臨在，
協助我全然看見自己的真實，
並擁抱這份真實。

感謝哈索爾女神的恩典，
如日光照耀我，
如奶蜜潤澤我，
我是我真實的光明，
我是我真實的光明。
一切所求，皆已如願。」

✧請感受哈索爾女神綠松石般的能量，溫柔地進入你喉輪所在之處，並由喉輪的空間，逐漸擴展到身上所有細胞。

✧你感覺喉輪更輕盈、更舒展，感受哈索爾女神的能量已經與你同在。

如果當你觀看鏡中的自己時，你能為自己感到驕傲並覺得深愛自己，你亦可進行以上練習。練習時，請將你的手輕輕放在喉輪之處，然後念誦以上禱詞，觀想哈索爾女神正在為你的喉輪調節平衡的能量，而那份平衡是因為你的內在已經校準了靈魂的眞實。

愛你們，獻上祝福。

VI

—愛西斯女神—

Goddess Isis

六、愛西斯女神

#對自己忠誠　#活出愛、體現愛　#爲你所愛服務
#穿越表象看見眞實　#成爲有智慧的戀人

以真實的智慧體現愛

我們保護有志於守護自己內在真理、活出內在真實的靈魂。當你走在尋覓真我的道路上，呼求我們，我們將給予你愛的協助。

女神的力量來自於真實。如同黃金般真實，而真實自會閃耀。

當你是真實的，你無須在乎他人的觀點，因為你成為了自己的真理。

Note from Josephine

愛西斯（Isis）是埃及的生命女神，祂掌管的領域，和生命、死亡、自然、婚姻、療癒、魔法相關。在埃及，祂被視爲最強大的魔法之神，透過掌握萬物的眞名，而擁有超級強大的魔法能力。祂的形象是典範的母親與妻子，以如同尼羅河的豐饒生命力，爲埃及帶來滋養與富裕。

在神話中，愛西斯是爲了拯救丈夫，而展現無比強韌與機智能量的妻子。祂的丈夫歐西里斯（Osiris），被欲竄奪王位的沙漠之神賽特（Set）分屍十四大塊，並將其屍塊散落於埃及各處。而爲了尋覓丈夫分散四處的遺體，並爲了養育並保護祂們的孩子，愛西斯經歷了各種困難與挑戰，最終以足智多謀的智慧與堅毅的勇氣，完成自身使命。

愛西斯是走過各種狂烈風暴與陰暗幽谷的女神，祂的陰性能量是厚實與堅韌的柔情；也是能夠善巧因應各種變化，而走出自身康大道的智慧。

因爲自身經歷幽谷，所以愛西斯女神同理人世的苦痛，並以慈悲的關懷垂聽受難的心聲。

在接收愛西斯女神訊息時，我每每感受到女神直接而不囉嗦的慈悲。祂的見解總是一針見血，祂的指引從不拐彎抹角，而是輕快的醍醐灌頂。

而這種輕快的溫柔，貫穿於所有收訊的過程。彷彿在說：「人生糾結什麼啊，好好去愛就是。」

是啊，人生爲什麼要糾結呢？女神的智慧就是幫助我們看見：並沒有眞正的問題，而只有一個你當下可能要處理的狀況。問題並不眞的存在，一切取之於觀看的角度，與你如何回應的態度。而角度與態度正是智慧的精粹。

人生糾結的原因，往往來自看不清楚。無論是看不清楚眞相、看不到全貌，或看不見更高更好的觀點。而愛西斯女神給予智慧的照見，就如同一把犀利的刀劍，斬斷無明煩惱，斬斷記憶枷鎖，斬斷習氣對你的控制。

女神的智慧是出於內在的眞實，因爲立基於內在的眞理而強大。

女神的智慧也是不被記憶所控制的自由。記憶是拿來用的，如果你有需要。眞正的自由，是不被記憶所控制的寬闊，你不會讓記憶蠻橫地控制你的情緒、意念與行動；但你卻能夠利用記憶，爲你創造生命時刻的溫柔與感動。

而活出愛與體現愛，是愛西斯女神給予我們的人生忠告。而我想，正是這份對於體現愛的初心，讓女神得以穿越各種暗黑困境。不僅療癒了他人（找尋並拼湊丈夫散落四處的屍體）、創造了生命（生育與養育孩子）、完成了使命（成功恢復王權），並且完滿了祂自己的神聖魔法師之旅。

愛是貫穿一切的力量，愛是前進的動力；而這份動力是爲了讓我們體驗，愛即是我們的本質。我們爲此而來，並將帶著這份對愛的體悟，再次返回滋養我們的源頭。創造、體驗、創造、體驗……這個循環本身就是愛的不斷壯大。愛，用以體驗它自身的偉大創造。

因爲收訊的過程，我才愛上愛西斯女神潑辣灑脫的智慧。這個潑灑是活出眞實的爽快、是對於眞心渴望的不扭捏不造作、是你吸引而不抓取、是你完全享受你的單獨，因此能夠全然與他人在一起的豐盛。

活出你內在的金光閃耀

活出你內在的金光閃耀，因爲你的內在就是黃金的本質。珍貴、純粹，而且充滿力量。

禮敬與尊重自己內在的尊貴，閃耀自己的光芒，如此你就不會迷惑於外在世界的五光十色與衆說紛紜，因爲你內在就有更壓倒性的判斷。

無須著迷於外面的顏色，因爲你的內在已是黃金。

奪回世界分散你的力量，以及你允許他人對你貼標籤的權利。

不要參與世界對你的評論與指指點點，你就是自己的發言人，你對世界發聲的動作，無須假手他人。

§

智慧是清明的洞見

善用你的智慧。智慧是清明的洞見結合善巧的行動。不要被表面的現象所限制，要穿越現象去看見眞實。

眞實是同時看見他人與自己的脆弱與偉大，那是同時並存的。如此你才能中立而不帶偏見的去理解，那將使情緒無法操控你，而能穿越情緒的迷霧與束縛，以做出更高更好的判斷與決定。

有時候你們能原諒一個人，是因爲你能清楚看見眞實。眞實的看見會引動慈悲，而慈悲會讓你與他人都獲得解脫。

有清明看見的慈悲，才是智慧，否則將淪於濫情與被利用的能量。

§

智慧裡沒有膽怯的影子

智慧的選擇裡沒有膽怯的影子，不要被恐懼阻礙了你向前探索宇宙浩瀚無垠的機會。

面對創造自己聖殿的時機，你爲什麼要轉身逃跑呢？

這不是一個困難的挑戰，而是你腦中的恐懼在影響你，別自陷於頭腦的迷宮。

清醒吧，做智慧的選擇，就是爲在你面前的豐盛敞開胸懷，迎接它們的到來，掌握機會所帶給你更大與更遼闊的風景。這是勇者的行動，也是智慧的看見。

§

別為得不到的愛情煩惱

親愛的孩子，別爲得不到的愛情煩惱，那無濟於事，浪費時間。

與其爲此煩惱，不如將精神力氣用來對這個世界進行更多貢獻，爲眾生服務，爲你所愛服務。對愛情的煩惱不能讓你前進，只是讓你困頓於情緒與記憶之中，對於你的提升無濟於事。

當你將能量投注於煩惱，你就在餵養煩惱，那將使煩惱變得更強大。

然而事實是：你比你的煩惱大得多，你比你的煩惱更有力量，所以何懼於這些困擾呢？

要有超脫的勇氣與魄力，大刀一揮，斬斷煩惱。呼求我們金黃色光線的萬丈光芒，灼燒它們。

不要將能量用於煩憂你得不到的，請將能量用於你能前進的與努力的。

對於現狀無法努力的事，有智慧的行動就是放下；那不是投降，而是智慧。

智慧是不糾結，臣服則是節省你的氣力，將能量用於提升與壯大。

作爲女神的孩子，你們要能滿足自己一切所需，方有能力眞的站出來，去協助這個世界。所以成爲你當如是的閃亮，成爲你當如是的光明，不要爲得不到的愛情糾結。

有智慧的去得到自己想要的，善巧的運用能量，知道何時該前進，何時該後退。而後退或放下並不是失敗，而是珍惜自己，不浪費能量於無益的人事物上。

所以何必期待他人呢？將期待的能量用於提升自己吧。期待自己是否比較睿智？因爲你知道如何有計劃的成就自己，而不是將希望寄託於他人。

所謂女神體質，是吸引他人來相逢。若是他人不來，那也給予尊重，無須因爲他人的選擇而自尋煩惱。

§

以智慧駕馭小我心智

情感的波段如尼羅河之水。湍急有時，平靜有時，激越有時，溫馴有時，滋養有時，氾濫有時。

真正的智者是知道無論處於何種波段，都能夠有智慧的駕馭，而不被小我心智所綁架。

小我心智會汲汲營營於期待他人滿足你的期待，以餵養自身的空乏、恐懼與需要。並不是說個人的「需要」在情感中不重要，而是如果你們只專注於需要，就無法進入打造成熟關係的階段。

所謂穩定與忠實的關係，意味著無論你行經於何種波段，都能夠以智慧去駕馭水流。

河水湍急時你平穩自己。平靜時你加速前行，享受眼下風景。該給出滋養的時候，你慷慨給予。河水乾涸的時候，你則知道休養生息與敬重自己。

而有智慧的戀人，將能升級爲有力量的伴侶。

以智慧去行動，那意味著你能駕馭小我心智，正如同駕馭尼羅河的水流。駕馭不是與其對抗，而是順其自然，並能在自然流動之中享受。

智慧是知道全部的寬闊，而不是僅看見局部。智慧是綜觀全局，並因此能接納與包容各個不同階段的潮起潮落。

智慧是不會耽溺於高光時刻，也不沉緬於低谷的幽暗。因爲智慧是看見，一切都僅是過程，一切都在流動。

智慧是知道如何隨順流動去享受，並在這個享受的過程中積極的行動。而積極的行動不一定是陽性的戰鬥，也可能是陰性的臣服。

積極意味著：你該運用陽性能量的時候毫不猶豫；你該陰柔的時候，也沒有半點遲疑。

§

你本來就是有智慧的

智慧是不偏狹，而能夠全然看見真相。智慧是穿越迷霧去看見眞理。

眞理是愛，是空無，是你校準內在核心時所會看見的知曉。眞理不是恐懼，而是愛。

一切不是愛的，都不是眞理。

若有人以愛之名要求你，你感受到的卻是害怕、膽怯與窒息，那麼這個要求的驅動能量，可能不是愛。

若有人以愛之名去行動，但那個行動卻充滿偏見、緊縮，與引動更多的憤怒與恨意。那麼，這只是以愛之名爲包裝的虛假行動。

智慧是穿越事物的表象去看見眞相，而如何穿越，請觀察其中的能量。

你可以說看起來是愛的言語，或者行動看起來像愛的行動，然而火煉眞金，智慧就是能夠判斷何者爲金子，何者只是魚目混珠的鋒利之火。

要將你的智慧琢磨得鋒利，你不需要聰明，而只需要明心見性的清明。

這份清明有賴於你能量場的清澈乾淨。你內在的空，讓一切都能在你的內在之眼中被映照得清清楚楚，良幣劣幣立見，一目了然。

你不需要聰明就能有智慧，因爲智慧有賴於你能與你的內在時時連結。

你本來就是有智慧的，這智慧不置外於你，而是本來就存在於你之內的指引。

只是當你的內在太擁擠、太吵雜、太喧鬧，你便看不到也聽不見。你內在紛雜與飄散的各種念頭，構成厚重的迷霧雲層，讓你無法領會智慧之光的照撫。

事實上，只要撥開雲層，穿越迷霧，你便會看見你的自性之光。那是你能自然自在應對一切事物的最高指引。

而這份智慧的洞見不是你祈求而賞賜於你的。你的祈求，只是呼請神聖智慧爲你撥開迷霧，讓你本來之光閃耀。

§

體現愛，你最重要的任務

愛是你爭取來的，別把愛當成憑空而降的東西。

這個爭取是積極的行動，是你在你的每一個行動中都表達愛與傳遞愛，而每一個表達與傳遞的行動，就是讓你走在活出愛的道路上。

愛是你爭取來的，然而既然愛就在你之內，那爲什麼還要爭取呢？

因爲你們是透過愛的行動來體現愛。而體現愛，是你來到這世界最重要的任務之一。

你們來到這個世界，或許各有各的目的，但是「體現愛」是普世命題。

因爲愛是你們的本源，而你們必須透過愛之體驗，然後再回到本源。帶著你來到這個世界對於愛的體現，再次返回源頭，再次去壯大與豐富愛的源頭。

所以要爭取，這個爭取是有意識的行動，是不放過任何機會去活出與體驗更多的愛。

沒有愛的生命是荒漠，是沒有尼羅河的埃及。

而沒有體驗過愛的靈魂將會一再回來，直到其完整與眞實的領會：愛就是自身的本質。

愛是你們的構成，是骨架也是血肉。愛構成所有最小的成分，愛也是最大的力量。愛超越了一切之上，也包含於一切之內。

愛是上也是下，是左也是右，愛是所有的方向。

你們爲何一來再來呢？正是對於愛之體驗的闕如與未盡。所以，行動吧，透過行動去爭取每一次活出更大愛的機會。

在你的生活裡，不吝惜的爭取，那意味著你不會羞怯於表達，你不會吝嗇於付出，你不會對壯大愛的能量有所保留。

有人不去愛，是因爲怕受傷；但恰恰相反，唯有眞正去愛，你才不會受傷。

愛正是療癒受傷的解藥。傷是你愛過的動章，你應該爲此感到驕傲，而不是沮喪。讓這些動章累積你的力量，並善用每一次機會成長你的智慧，讓你知道該如何眞正地去愛與被愛。

被愛也是愛的學習，如同月亮與太陽同時構成了完整的陰與陽，你們也需要透過完整的體驗愛與被愛，來完整你對於愛的體現。

不要擔憂受傷，而應該只擔心你是否愛得不足，愛得有所保留，愛得不全然。

當你的愛是全然的，是純粹的，是積極進取的，你的傷口便是你開花的沃土，它們終將在你全然愛的行動中癒合。而這份重生而癒合的傷口，將從你的內在擴張你，壯大你的流域，擴張你的能量場，提升你的靈魂，最終帶給你滋養的安慰。

你終會帶著這份對於愛淋漓盡致的體現而回到源頭，因為終極的意識，就是愛。

§

對自己忠誠

「背叛」這個概念，終究上是不存在的。當他人或你自己的行為，未能如他人所期待的時候，你們稱此爲背叛。

你們沒有對他人的背叛，但卻有對自己的背叛。

當你違逆了內在的眞實，當你說了違心之論，當你陽奉陰違，當你以假面示人而活得不像自己，那麼，你就在背叛自己。

背叛自己才是眞正的問題。因爲背叛自己將造成內在能量的衝突，而那個衝突，將使你無法顯化你眞正的渴望，並造成內在的分裂。而分裂，將遠離平靜與愛。

當你覺得被他人背叛，請明瞭別人並沒有對你忠誠的必要。

你們可以透過法律或者關係來規範他人的行動，但終究而言，他人不是你能控制的。你能控制的只有自己的起心動念，以及自身如何以智慧去應對各種狀況。

所以當你感覺被背叛，承認這份感覺；但在意識上要明白，別人終究不欠你什麼。因爲每個人要眞正負責任的對象只有自己，而不是他人。

如果一個人要忠誠，那麼他必須先對自己忠誠，他必須對自己內在的眞理忠誠，而不是對他人忠誠。

他人只是你內在的投射，所以一個人的忠誠，是基於他對其所相信與認同的忠誠，而不是對於任何對象的忠誠。

所以你是對你的愛人忠誠嗎？或許你可以這麼說，但終究而言，你是對於你自己內在的愛與信念忠誠。

所以你爲什麼要對他人背叛你而感到難過呢？如果他人只是忠誠於他們內在的眞理，他們究竟上並沒有背叛「你」，他們只是跟隨他們的內心。

你可能會失落、會悲傷，但你必須理解，他人並不眞的欠你什麼。

眞正讓你受傷的，並不是誰背叛了自己，而是你的受害者意識。

相對地，你若扮演的是所謂背叛者的角色，請看清楚你行爲的起心動念？你是跟隨你內在的眞實去行動，還是，你其實也背叛了自己？

當你們每一個人都眞誠的忠誠於自己，背叛是不存在的。

當你忠誠於自己，對如何活出自己的人生完全誠實，你便不會將能量用於控制外界要如何回應你或滿足你。

因爲當你能誠心誠意的生活，你便已經能完全地忠於自己，而能夠給予他人同樣的空間。你能允許他人也以對自身的忠誠，去全然活出他們自己。

§

善用你的力量

慈悲是有智慧地運用能量，並且知覺你所運用的每一分力量，都應該爲其全權負責。

你們都是有力量的，所以要善用，而不是濫用。

濫用的力量如同尼羅河水的氾濫，將帶來生靈塗炭與災難的反噬。正確的使用力量，是不耗損自己，也能利益他人。

而爲什麼要運用力量呢？正在於你能用它來推動比你更大的事物，藉由這些推動的行動，你就隨著力量的展現而活出更大的自己。

運用力量的智慧，是懂得何時該節制、何時該大刀闊斧。當你手持力量，有時力量會讓你迷失而無明的運用它們，但那會帶來災難。

握有力量者，更需要高度覺知地去運用自身的資源。當你因爲自身的強大而造成災難，你就不配得擁有這份強大。因爲眞正配得強大能量的人，是因爲他們能夠比這份力量更強大。

強大到知道如何有智慧的運用，使其導之以正的創造，而不是無明的毀滅與破壞。

§

創造個人的成功：成為與實現自己

有智慧的去得到任何你想得到的，如果你需要這個過程去證明自己。

不要假裝不想要，那是虛僞。對自己誠實，是看見自身內在眞實的渴望，然後有智慧的去爭取。

這個過程，你就在創造自己成爲更大的，就在擴充自己成爲更廣闊的，你就走在屬於自身的登峰造極之路。你就在鍛造自己成爲能夠更上一層樓的智慧存有。

畏縮於去爭取，畏縮於去得到，那是對成功的恐懼。

爲什麼要恐懼去成爲那更偉大的呢？請勇於踏出你們的舒適圈，勇於打破你以爲你不能、你不行的種種限制，勇敢爭取你眞實的渴望。

不是爲了向他人證明或向世界證明，而僅是爲了自己。這一切無關乎和他人比較，而僅關乎當你走在生命的道途上，你多敢於實現自己。

你也不是和自己比較，而是在每次的選擇中，都致力於活出那個更無限、更寬闊的。而在這個過程中，你就在創造你個人的成功：成爲與實現自己。

§

最強大的魔法

你就是自己最強大的魔法。

你的魔法力量不是來自咒語、藥水或魔杖。你最大的魔法是你的起心動念，你的意識，你把能量放在哪裡。

當你能有意識的瞭知與控制自身全然的意識，你就能成爲眞正掌控自己命運的人。

而當你能夠眞正全然的掌控自己，你就擁有最強大的魔法力量。

你有多少無意識的念頭正在阻礙自己？你有多少紛亂破碎的奇思怪想，正在困擾內在的和諧？你的力量爲什麼會分散？

正是那些你無法清理的雜碎念頭，它們分散了你能顯化的強大力量。

而什麼是顯化？顯化就是能夠由虛還實，由實還虛的魔法。

眞正強大的魔法，是能夠澄澈念頭並聚焦自身能量。而這份全神貫注的專注力，將能夠在黑暗中生火，並且點石成金。

清明的專注力不是透過任何外在工具，甚至不是透過神的賜予。神或許能夠協助你清理那些雜亂思緒，但是要如何聚焦能量，聚焦於何處，這一切是取決於你的。

§

婚姻的祕訣

婚姻的祕訣，是你必須知曉自己是一個魔法師。

你能夠無中生有的創造，你能夠創造機會與可能性，你能夠在黑暗中看見光，在沙漠中指出綠洲，在看似蕭瑟的天氣裡讓人懷抱以豐收的渴望。

婚姻是一場戲劇。而魔法的本質是創造，創造的能量能協助你們爲婚姻這齣戲劇，增添幽默與情趣。

智慧是知道你扮演的角色，並能爲角色創造春風與露水，讓人讓己如沐春風，讓喜樂與歡笑雨露均霑。

婚姻也是一場舞蹈。有時候你們能夠雙人翩翩起舞，享受曼妙互動，享受能量相生相融的美妙。有時候你們也要能夠享受獨舞，享受一人獨自上場的樂趣。

婚姻不是只是兩個人一起的事，婚姻也是一件單獨的事。

這個單獨，是透過伴侶去體現你的單獨，透過有伴侶的單獨，去活出更完整更大的自己。因爲無論如何，你們正是透過能夠全然的享受單獨，而能夠更自在地與人在一起。

婚姻也是一場旅行。有時候你和旅伴一起上路，分享沿途風景。有時候你們也會各自走上不同的道路，經歷各自選擇的旅程。成功的婚姻是允許變化發生，並且祝福與悅納每一個變化所帶來的課題與學習。

婚姻的祕訣，是懂得記憶和遺忘。

時時記憶你對伴侶的愛，因爲愛是你心中恆常的品質。你能看見你對伴侶的愛，並感恩因爲對方的存在，讓你能夠透過關係去體現自身的愛，以及自身就是愛的眞實本質。

婚姻也要時時遺忘。遺忘昨天的痛苦、昨天的爭吵、昨天的淚水，而永遠只記得當下對彼此的敬重與珍惜。永遠忘記那些無法擴張彼此關係，與無法滋養自身的昨天。

寬恕將讓你成爲內在有更寬大流域的人，而不是讓淤堵的泥沙，阻礙了尼羅河河水的清澈。

善巧的平衡記憶與遺忘，能夠好好記得與好好忘記，是經營婚姻的祕訣。

與愛西斯女神連結

連結眉心輪

眉心輪又稱第三眼，位於我們雙眉之間，對應的身體部位包括眼睛、耳朵、鼻子、腦與神經系統。而正如同「第三眼」的字面解釋，眉心輪是我們的內在之眼，關乎直覺、洞察力與靈性智慧。

當一個人眉心輪不平衡，會困惑於表面現象而看不清楚眞相。而對於表象的執著，將使我們與自身的直覺疏離，進而無法連結更高的靈性智慧。

而無明煩惱何以升起？有一部分原因，正是因爲我們看不見眞相，或恐懼看見眞相。

愛西斯女神對我而言是有血有肉的女神，因爲祂並不是生來一帆風順，或安逸的在天堂裡唱歌跳舞。愛西斯女神歷經各種驚濤駭浪，是妻子也是母親，是女祭司也是女神，其以足智多謀的智慧，成就自身的神聖魔法師之旅。

而神聖魔法師的祕訣是什麼呢？是看見眞相的洞見觀瞻，也是以智慧去驅散無明的睿智與勇氣。

愛西斯女神的魔法之所以強大，原因之一，是因爲祂擁有掌握萬物眞名的能力。眞名因爲蘊含了眞實之力而無比強大。

眞名不是你世俗的名字，不是世界用來稱呼你的名號，而是你靈魂的名字。

眞名表達你的眞實本性，而當一個人憶起了自身的眞名，他將重新掌握自身的眞實力量。

連結練習

或許你知道自己靈魂的眞名，或許還不知道，但無論如何，我們都能進行以下的練習，透過呼喚靈魂的眞名，來連結愛西斯女神的神聖力量。

✧靜下心來，做三個深沉的深呼吸。

✧伴隨呼吸，將意識輕輕帶到你的眉心輪，想像你正在用你的第三眼呼吸。

✧在一吸一吐之間，感覺你第三眼的起伏與擴張，感覺有一股向內收攝的力量，讓你更聚焦於自己的內在。

✧念誦以下禱詞：

「親愛的愛西斯女神，我是SOUL***（你的名字）。我以SOUL***之名祈請祢的臨在。

藉由愛西斯女神的神聖恩典，
我召喚並認出我的真名，
真名將引領我看見我內在的神聖真理。

是的，我看見我內在的神聖真理。
烏雲退散，
迷惘退散，

遮蔽我活出真實的阻礙退散。

我是清明的，

我是清明的，

我是清明的。

感恩一切所求，皆已如願。」

如果可以，請待在這個感受中幾分鐘，體會眉心輪的激活與擴張。感受透過愛西斯女神的恩典，你已經更緊密地連結內在的直覺中心，你已經準備好看見能支持你活出更多愛與自由的眞理，你就是創造自身生命的魔法師。

愛你們，獻上祝福。

213　愛西斯女神 *Goddess Isis*

VII

—聖母瑪利亞—

The Virgin Mary

七、聖母瑪利亞

#不帶批評的理解　#停止內在的戰爭
#原諒是愛自己　#醒著作夢　#連結龍族能量

以接納帶來不費力的轉化

愛不是去做一件特別的事，愛就是你的存在。你的任何行動都是愛的展現，你的任何言語都在傳遞能夠帶來滋養、撫慰，或是給人力量的言語。

當你意識到你就是愛，你的生命就是行走的光，你的存在本身就是對宇宙的祈禱。

Note from Josephine

隨著個人的成長，我內在的靈性指導團隊也隨之擴張，而聖母瑪利亞正是其中更新的一股能量。祂的臨在總是充滿柔軟與不帶任何評判的理解，那是無論如何，都能接納的溫柔。

那是很大的慈悲才能生出的溫柔。那是當愛滿溢了，卻沒有任何強迫或者試圖改變什麼的意圖。這種力量所帶來的改變，總是在不知不覺中發生。而當你回頭，聖母之愛已經不帶痕跡地轉化了你。

人世中，有多少期待是以愛之名，企圖改變他人以符合自身的意圖？

那種愛往往以「我是爲你好」的名號要人服從。看似溫柔，實則是沒有看見與尊重他人意願的操控。

而聖母瑪利亞的愛之所以能帶來不費力的轉化，是因爲它完全沒有任何強迫性，沒有任何意圖要你變成祂所期待的樣子。那是以接納爲基底的寬闊，方能帶來的溫柔之力。

作爲時時有幸見證恩典的療癒師，我時常向宇宙叩問：「該如何以最高最好的方式，幫助來到眼前的個案與學生？」聖母瑪利亞給我的答案是：「你不用想著如何幫助人們，你只要能以我看見你的眼光，去看見他們。」

而什麼是聖母瑪利亞眼中的我呢？「你是神性的火花，是即使受了傷仍然會打開心的愛，是璀璨永恆的光，是你本自具足的完美。」

隨著以上訊息的流瀉，是我一併奔流的眼淚。是啊，那是一種深深被看見的撫慰，那是越過我們的各種不完美，而依然能看見我們完美的寬闊。而在這種撫慰與寬闊裡，也鼓勵我們將自身更錨定於愛。

那是當我們能看見每個人內在所閃耀的神性之光，透過視角的轉移所挪動的能量路徑。而當能量網格移動了，改變自然成爲可能。而這或許正是耶穌爲何能行奇蹟，而叫人得醫治的祕密，因爲祂們所看見的我們，正是無病痛與無缺失的完美。

而所謂療癒，只是體現了這份神性的看見。

從收訊中，我才知道聖母瑪利亞原來是馭龍大師！而有趣的是，伴隨聖母瑪利亞加入我的神聖指導團隊，差不多時期，我也開始與龍族的能量合作。龍作爲如此強大的存有，爲何會與慈悲的聖母瑪利亞合作呢？（話說，龍在東方是與觀世音菩薩合作），因爲慈悲是柔能克剛強，是滴水穿石，是談笑間銅牆鐵壁亦能飛灰湮滅的力量啊。

親愛的，如果你看到這些文字並覺得被觸動，別懷疑，你感受到的正是來自聖母瑪利亞的慈悲之光。從今而後，我誠摯邀請你能以聖母瑪利亞看你的眼光來看自己，並依此沒有畏懼的活出自己。

接受，讓你停止內在的戰爭

愛是接受。接受當下的自己和他人；接受那個未竟的完美與缺憾；接受不符合期待的失落；接受人事物的發生，然後依然保有信任。

所謂接受，並不會讓你失去自己，接受恰恰是要呼應你內在的眞理。

在接受的意念與行動裡，你將爲自身騰出內在更多空間。你收斂起力量，不用於與世界對抗，而是透過更寬闊的內在，找到能與世界對話與協調的能力。

接受，將令你停止內在的戰爭。

因爲你們的痛苦，大多來自於你不接受生命正在發生的。

不要選擇性的接受，而是全然的接受。這個全然，將讓你超脫一切是非評斷帶給你的束縛。

接受不代表認同，接受是承認正在發生的，與已經發生的。

你的生命無論發生什麼，抵抗是緣木求魚的，接受本身就是強大的力量。而接受的力量，將讓你更有能力知曉該如何回應與行動。

§

透過有愛的承諾，錨定內在的平靜

承諾，是你即使不知道會發生什麼，仍然打開心去接納，去愛。

承諾，是可能會被拒絕被否定，但仍然做該做的事，因爲那呼應你內心的眞理。

當你的承諾是校準宇宙的至眞至善至美，承諾本身將支持你穿越人間任何風景。

有愛的承諾會錨定你內在的平靜，最終讓你體會，你就是平靜。

§

原諒不是放下他人，原諒是愛自己

原諒不是關於放下他人，原諒是關於釋放自己。

原諒是將自身從關於怨恨與憤怒的沉重情緒中釋放，因爲你値得一個輕盈與不負重前行的人生。

你不需要爲了記取重大教訓而怨恨，你能夠透過回歸內在的眞理，以輕盈的步伐來體驗這份學習。

原諒，是關於愛自己。

§

慈悲：奔赴你心流的方向

慈悲是當你給出自己，沒有期待他人要如何回應。是當你付出的時候，沒有任何頭腦心智的干預。因爲付出本身，就讓你的內心歡唱喜悅。

慈悲和他人無關，只和你的心流有關。

當你的心流是寬暢的渠道，它們所奔赴的，只是你內在之流的心之所向，那前進的動力是愛，是喜悅，是毫無勉強、毫不費力的湧動。

這份湧動就是宇宙動能的流動，慈悲之流創造了萬事萬物。而當你自覺內在亦是這份湧動的生成，你自然能將這份源自於內在的狂喜，毫不保留的與這世界分享。

是的，慈悲是分享你內在的喜悅，你的平靜，你存在本身的美好。

§

力求真誠

慈悲的立足點是眞實。當你眞實回應自己的心，並以眞實與他人互動，那個眞正的慈悲才會發生。

當你致力於走在醒覺之道，妄言與虛假不是你們要穿在身上的外衣。

力求眞誠，力求以眞誠來省思自身的一言一行，那是你們每日都能進行的歸於中心。

眞實可能帶來你以爲的代價。有時候呈現眞實是危險的，那意味著你不再討好；不再以他人期待的樣子過生活；不再假裝自己是誰，而只爲了留在某一段關係裡。

眞實有時候也是叛逆的，因爲你可能需要鶴立雞群，在一片因循舊規的沉默裡，發出不同的聲音。

然而眞實的回饋將更大，因爲眞實帶來擴張，那是因爲接納而帶來更寬闊的空間。而接納的空間，正是愛能夠滋養與成長之處。

因爲眞實，有時候你也許會打破一段關係，但新的平衡也將因此建立。有些人事物可能因此離散，但亦有能符合你眞實頻率的人事物會因此匯集。有勇氣成爲眞實的，即是向宇宙宣告你要吸引的，也是如此眞實的品質。

§

天真的人有福了

天真是當你打開心，領受宇宙的恩典。天真是你不設防的眼淚，願意袒露內在的眞實。

天眞的人有福了，因爲機關算盡者，上不了天堂。因爲天堂不是那個有華美噴泉與天使歌唱的地方，天堂是你內在的平靜，天堂是在當下就發生的奇蹟。

成爲天眞的，那是指返回你本是如此的天然。那份天然不是無知，不是盲目，而是以智慧的清明，單純享受生命的一切。

Note from Josephine

我很愛與聖母瑪利亞聊天，那是一種與神聖閨密連結的親密感，是你知道無論你的問題多蠢笨，你的狀況多荒腔走板，你總是會被愛看見。

而愛的看見，本身就是最大的療癒。

以下訊息是聖母瑪利亞給我的個人指引，祂回應了我在自身練習上的一些疑惑。雖然我對生命充滿感恩，但仍然時時想登出；我並不厭世，只是每每感到一種強烈的出離之心。而醒著作夢，是聖母瑪利亞給予的提醒。

覺醒，是醒著作夢

不要急著去尋求亢達里尼的提升，因爲那不是指標，那只是一個當你到達，自然而然的發生。

作爲人類的化身，所謂何來?就是專注於你在此時此地的生活，並同時超脫這個生活的侷限，看見更大更寬廣的畫面。

而這個畫面不是要你去執著於另一個世界，或者僅願意停留在某一個層次。這個畫面是一個瞥見，讓你明白當下的局限是一個夢境。

而所謂覺醒，是你知道你能超脫這個夢境，但亦能以醒著的姿態作夢。

覺醒的大師時常以醒著的姿態進入他人的夢境，這不是因爲他們還渴望去體驗夢境中的什麼，而是他們知道唯有進入他人的夢境，方能以他人能理解的方式支持他們。

而這正是大師之所以成爲大師的原因。你們不僅攜帶著一枚燭火去點亮周遭的黑暗，你本身就是燭火，你本身就是光明，你的存在就來自源起的光。而你願意在自身所處之地，無論何時何時地都大方無畏的閃耀。

親愛的孩子，醒著作夢，不要太急著從夢境中走出來。事實上只要你願意，你能夠登出，但是這不是你靈魂來此片段的目的。

請憶起你來此的眞實目的何在？是看見自己是醒覺的大師，而同時能安住於你當下的任何一切。活出夢境中的眞實，並引領他人也看見這些眞實。

這個過程你不必去思慮亢達里尼是否提升，而是去體驗與示範在塵世中靜心，在繁瑣的都市叢林裡，你依然能夠活出輕盈的覺醒與自在，你們能爲他人示範這樣做。

困境不必然是揚升的跳板，因爲困境是你們自己設定的夢境橋段，你還需要嗎？請將「自己就是豐盛與愛的磁鐵」這個眞相時時放在心中，那會引領你穿越一切依舊無染，並且不費力的通過。

不必去移除或者對抗任何情緒或念頭，允許它們就在那兒。如同當你站在一百樓，三樓的喧囂不是你要去移除的，它們就在那兒，允許一切的車水馬龍，而它們與你又有什麼關係呢？一切都不影響你的平靜。

所以方向是什麼呢？方向不是去對峙那些情緒或者揚起的塵埃，方向是致力於自身的提升。請把能量與焦點放在正確的方向。

然後允許一切釋放，允許一切變化，因爲這是必然發生的，而這些發生都將帶來豐盛、輕盈，與更多喜悅的空間。

Note from Josephine

聖母瑪利亞的能量也與龍族有所連結。

當龍族作爲第一批神聖存有來到地球，協助錨定能量線的同時，聖母瑪利亞的能量也偕同在側，爲蓋亞恆定慈心的能量軸線。

那是愛的動能，讓萬事萬物生長。那是愛的湧動，讓一切都能生氣蓬勃的展現它們的壯美。

成為馭龍大師——與龍族能量連結

榮與枯都是自然循環的一部分，榮與枯都是愛的展現。

落葉是愛，初生的新葉也是愛。那無所不在的愛在四季展現，那愛的流轉，不會因現象的不同而有所改變。

而覺醒是看見其中隱藏的動能，遂能享受每一個季節與每一個狀況所帶來的喜樂與恩典。

那是窺探奧祕的眼光，撥開阻擋你們看見眞理的布幕，看見一片繁花盛開的盎然。

如果你願意，你們可以隨時呼喚聖母瑪利亞與龍族的能量一同協助你們。記住了，孩子，呼求我們的協助並不需要是因爲什麼大事，而是任何事。

那主要的用意在於讓你們能時時錨定於更高意識，提醒自己在任何狀況都做出最高最好的選擇。在任何情況裡都能選擇愛，而不是恐懼。

龍族能夠協助你們更有行動力、更有勇氣，去實踐任何你想要打破的框架與束縛。聖母瑪利亞的能量則能帶來愛的智慧，知曉你不是因爲世界告訴你該怎麼做，所以那樣做。

要覺知你所有的行動都是基於愛的渴求，如此勇氣才會引領你到達對的地方。而這是勇氣能帶領你們啓程走向光之道路的祕訣。

我們是馭龍高手，這是你們可能感到訝異的。但事實上，你們每個人也能成爲這樣的大師。

龍族是極富智慧與力量的靈性存有，唯有當你們自身也成爲愛與智慧的體現，你方能更有效率的與龍族合作。

事實上，愛，與由愛而生的智慧，是你們運用任何靈性工具，或者與任何靈性存有合作的前提。

當你有意識地成爲愛的存在，有意識的體現那份本就存在於你們內在的愛之品質；即便你不呼求，你也會感受與你頻率相呼應的力量，將在你的周遭顯現。

召喚龍族的音頻：嗡．扎阿．扎阿．扎拉阿

這個音頻能協助你們召喚自身的守護龍。事實上守護龍一直在等待你們的召喚，讓祂們得以現身來支持你們。

神聖的智慧存有不強迫他人接受協助，亦不主動介入他人故事情節。你們需要召喚祂們的臨在，而祂們將很樂意爲你效勞。因爲你的揚升，也是你守護龍的揚升。

萬事萬物相互效力，正是如此。

§

呼喚來自本源的慈悲之光

只要你們願意，你可以隨時呼喚這份來自聖母瑪利亞的慈悲之光與你同在。無論是處於沮喪憂傷，行經人生的幽暗低谷，或者位於怒氣難消的狂風暴雨之中，你都能呼喚這份溫柔的慈悲與你一起。

你們不需要任何魔法就能召喚這份力量。只要你在心中發出一願，呼喚聖母瑪利亞的名字，專注去感受這份來自無條件之愛的光，那暖心的能量，就會自然流向你。

因爲我們正在等待你們的召喚，正在隨時準備好擁抱你們，在任何你們感到脆弱與需要協助的時候。

你們也可以將聖母瑪利亞的本源之光當作能量OK蹦，在你的情緒或者物質身體需要急救的時候，想像患處或傷口被這溫柔的能量所輕輕覆蓋。你會感到安全與放鬆，心更能自然地安定下來。

而當你在安定之中，你內在的智慧會自然湧現，那是你給予自己的親密指引。

§

真正的親密關係，始於你與自己的關係

親密不是褪下你的衣服，親密是卸下你心的武裝。

親密不是你和他者的身體有多接近，而是你們的靈魂是否有共鳴。

你知道他人的夢想嗎？你能同理他人的恐懼嗎？而你對他人的理解，皆來自於你是否能眞正看見自己。

在你對自身的坦誠裡，你自然能坦率地讓他人靠近並擁抱自己。

眞正的親密關係始於你與自己的親密，而在擁抱他人之前，請先擁抱自己。

§

不為什麼而喜悅

喜悅是你們的本質，意味著你們不需要做什麼或成爲什麼才喜悅，你們本身就是喜悅的存在。

移除那些阻礙你看見喜悅本質的屏障，穿越那些令你沉重與無法輕盈的情緒。是時候，讓喜悅成爲你的實相。

如果你覺得你必須做什麼才喜悅，那麼你已將自己的力量交給外在的狀況。在那個情境中，你將失去自己的力量。

真正的喜悅是：無論狀況如何，無論外界反應如何，你都能將自身錨定於喜悅的品質，因為喜悅就是你。

如果你無法不為什麼而喜悅，你也將無法不為什麼而愛。你的喜悅與愛都將成為有條件的交換，而有條件的交換正是痛苦的原因。

我們願你看見自身就是喜悅的本質，因為如此，你會將遺失於外界的力量拿回自己身上。當你們不再將力量交託給外面的世界，你將成為生命的國王，豐盛與充盈將會隨之降臨。

在任何時間與時間的空隙中，安靜下來。嘗試去體會在時間的間隙中，一切的空無寧靜。時間的縫隙是你們能一瞥這世界幻象的窗口，在這裡安靜下來，允許腦中喋喋不休的塵埃紛紛墜落，你會感受內在更加平和。

時時做這個練習，你會在時間的縫隙中，感受自己就是喜悅的內在本質。

與聖母瑪利亞連結

連結頂輪

聖母瑪利亞在聖經故事中是耶穌基督的母親，祂以處女之姿懷孕，爲世界誕生了點亮智慧的光明。未婚懷孕在當時是相當驚世駭俗的，然而瑪利亞接納了祂的命運，在各種看似不平安的挑戰中，活出了深邃的平安。

接納看似被動，但其實相當有力量。因爲當我們能放下內在的戰爭與任何對抗，深沉的平安才會翩然降臨，而那就是神性轉化的奇蹟。

內在的平安不是汲汲營營求來的，平安與你的富貴榮華也沒有關係。平安是當我們在全然臣服的放鬆中，內在所自然湧現的篤定與安寧。

在深深的平安中，沒有欲望，甚至沒有願望，而只是如實看見一切的慈悲。

那是即使看見我們各自的不完美，但沒有要改變誰的企圖，沒有對自己的批判與撻伐；而是允許生命的自由表達，並在所有之中都看見了愛。

那也是頂輪的開花。誠如聖母瑪利亞所說，無須費力追求亢達里尼的提升，因爲那不是費力可以達成的結果。

當我們做該做的事，行該行的道，當我們致力於守護心念的純眞，那該開的花，該落下的果，該發生的發生，允許一切如其所是的綻放。

連結練習

頂輪在梵文中是 Sahasrara，意爲「千片蓮花」。當我們頂輪是平衡的，能與神性智慧連結，領受來自更高意識的訊息與生命能量。那是一種「我就是知道」的內在知曉，讓我們體會個體與整體始終是相連的，而我們的本質就是神性。

以下練習，請準備一盞小小的蠟燭。

✧允許自己有安靜的一段時間，安座在你的空間，點亮蠟燭，凝神看著蠟燭一會兒。

✧接著閉起雙眼，感覺蠟燭的光輝就映照在你內在的視覺，然後持續擴散，直到感覺整個頭部彷彿都被照亮了。

✧而那光亮持續燃燒與放大，甚至超過了你物質身體的輪廓。

✧將意識從頭部區域聚焦到頂輪，感覺頂輪之光的脈動與擴張。然後念誦以下禱詞：

「親愛的聖母瑪利亞，我祈請祢的神聖臨在，

為我移除那些阻礙我與神性意識連結的屏障，

為我撥開那些無法使我清晰瞭知內在智慧的迷霧。

我祈請祢的愛，完全擁抱我，

我沐浴在祢全然的接納裡，

因此我能全然接納自身就是愛的真理。

謝謝，

謝謝，

謝謝。

以上所求，皆已如願。」

✧感受聖母瑪利亞已經將祂的藍色斗篷披掛在你身上，你領受了全然接納之愛的慈悲力量。是的，那無分別的愛已經成爲你內在知曉的一部分，正在你的頂輪閃閃發光。

愛你們，獻上祝福。

VIII

—— 觀音 ——

Goddess Guanyin

八、觀音

#覺醒甘露　#平衡陰陽能量　#容許恨的愛
#充分享受生死波浪　#與無常共舞

現在就回家

觀音是無限的意識，你們可以說我們是神、女神，但終究而言，我們是無限的宇宙意識，體現與傳遞慈悲和愛的品質。

觀音在漢文化的傳統中，似乎常以慈悲女神的形象出現，聞聲救苦，救度衆生。而在下載觀音的訊息時，我更感覺觀音是陰陽平衡的能量，不是陰性，也不是陽性，而是陰陽整合之後完整的一。

觀音的慈悲，不僅是想像中母親的慈悲，也是父親的慈悲。

其中有關愛垂憐，亦有積極鼓勵。有循循善誘的溫柔，亦有開宗明義的倡導。觀音鼓勵我們醒過來，別再昏睡，而生命的覺醒，正是爲了踏上回家的道路。

觀音的愛是超乎任何情感取向的選擇；因爲愛，是當你看見與活出眞實後的自然。而由愛所衍生的慈悲，是你順應眞實的自然，會自動顯現的狀態與行動。

人世的痛苦是因爲我們看不見眞相，一旦知曉「本來無一物，明鏡亦非台」的眞相，生命的覺醒將不是彼岸花，而是此時此刻的現在。

而爲什麼我們看不見眞相呢？除了業力的牽制，記憶與習氣所帶來的偏見，觀音也提醒我們處於當下的變動時刻，如何傾聽內在之音與校準內在本源的重要性。

我們當然可以祈求神明的保佑與護持，然而活出內在的眞理，不是一味地將力量交託給神明，讓祂們來替我們決定自身的命運。

神聖的宇宙智慧不會要求我們將力量交給祂們，而讓自己變得軟弱；也不會需要我們的崇拜，好來壯大祂們的神力。看到這一點是關鍵的！因爲一旦我們繼續讓渡自身的眞實，我們將失去內在直覺的引領，而那將使我們無法活出眞正的自由。

而覺醒就是關於如何活出自由，而不是透過外在的力量，讓自己看起來好像很強大。無論這個外在的依附是透過物質、名利、關係、神通，或者各種各式的靈性安慰劑。

觀音也指出，如果你閱讀了這則訊息，別懷疑，你的靈魂已然應允走上覺醒的道路。而這條道路無須你大費周章千里迢迢地去尋找，它們就在你當下的生活裡，在你正在從事的任何行動裡，只要錨定更高意識，全然的生活。

無論你是CEO還是家庭主婦，無論你是藝術家還是OL，你不需要去變成另一種身分才能覺醒。你僅需要專注於你當下的人生，以愛與全然的品質優化你的版本；如此，你就走在屬於自己獨一無二的覺醒之道。

回家吧，這是觀音的邀請與提醒。

愛大到可以允許恨

我們是無性別的神聖存有，因應你們所求去顯化我們的形象。我們是慈悲的母親，也是智慧的長者，我們是你看見的老嫗，也是曼妙生姿的少女，我們幻化為任何你們所能親近的對象，隨時準備好去協助你。

那個協助，是要你看見你是個有愛的人。而那個愛不是你僅獨有，而是貫穿於宇宙的眞理。

你與他人分享了同樣的愛，當你能看見自己內在這份浩瀚無垠又溫暖的品質，你亦能看見他人同樣的光彩。

如同當你能諦聽自己內在的痛苦，那喧囂不休的雜音，你亦能同理他人的苦。

你對於他人的理解，都是基於你對自己的理解。你對自己的理解能走得多深，你能給予世界的溫柔也會有多廣。

而當你看見自己是愛的本質，也同樣在他人身上流淌，人我的分別就會開始消弭。事實上，這個界限本來就不存在，而是我執的偏狹，讓這條線愈畫愈深、愈來愈大，大到你們以爲是楚河漢界。

然而事實是：構成你們基礎的本質是一樣的，支持你們生命元素或者產生你們的動能是一樣的，那是一份基於愛的創造的初始之源所併發的力量。你是愛，而他人也是。

如此，你會有不能原諒的人嗎？愛要如何原諒愛呢？愛要如何去恨另一個愛呢？

那些看起來是恨的，都只是愛的暫時不見。那些恨的，其實也包容在愛之中。

因爲愛大到可以允許恨的存在，愛大到願意讓你們去體驗恨，以回到愛。

這是爲什麼仇恨存在，怨懟存在，冷酷無情存在；就宇宙至上的角度，它們終將回歸愛的源頭去壯大愛之源。它們本身的存在也在壯大愛的本身，因爲愛是愈來愈大的，而不是愈來愈小的。

愛大到能夠包容仇恨、怨懟，與那些你認爲不是愛的。

我們的教導是要你看見你的本質，而你和他人分享了同樣珍貴的本質。在這種無差異的寬闊裡，恨與任何非愛的都將消弭。

§

慈悲是看見真相的自然

慈悲是你看見眞相而自然而然的行動。

當你看見愛是你與他人共同的本質，你如何能不慈悲呢？當你能夠同理他人，看見他人的苦如同自己的，看見他人的煩惱也是你的煩惱。你與他人分享了同樣的無明，而只要剝除無明的妄作，愛與慈悲自然湧現。

慈悲是自然而然愛的行動。它不是你強加於其上或是訓練出來的東西。因爲慈悲沒有準則，而是錨定於你內在中心所自然回應的言語與行動。

慈悲有時候甚至是靜默的。如果那是依於本心的，那麼沉默而平靜的存在，本身就是一種慈悲。

所以不是放生、吃素、愛護地球、施捨、救助他人這樣外顯的行爲，才能被稱之爲慈悲。慈悲的行動不是教科書的範本，慈悲是你能智慧的因應情勢，位於本心而自然產生的行動。要關注的，是引動行爲的能量。

所以戰爭可能是慈悲的嗎？是的。看起來安安靜靜沒有任何動作的行動，必然是慈悲的嗎？不盡然。

如果起心動念是愛，並根據愛而行動，那麼戰爭也會是慈悲的。如果起心動念是因爲恐懼，是漠視他人的苦痛而噤聲的沉默，那麼即使看起來如如不動，卻可能是暴力的，而不是慈悲。

眞正的慈悲是呼應你的內心，你內在的眞誠與正直，你的本然，你來自並校準的愛之源。

當你錨定於愛之意識，你說的話、你做的事、你散發的品質，都將是慈悲的。

§

生與死是同一個波浪

生命與死亡是波浪的不同變化。它們是在同一個波浪上不同狀態的顯現，而無論它所呈現的狀態是如何不同，它們都是同一個波浪。

而既然生死是同一個波浪，活著與死亡是高度相連的。這意味著你能多享受你的生命，你能多淋漓盡致的活出你最大的可能與最深的境界，你亦能多享受你的死亡，多擁抱死亡要帶給你的旅程。

人身爲何難得，是因爲人身是生命能量的物質化顯現。透過這個物質化的化身，你們能夠積極的行動與創造。並不是所有生靈都有這樣的機會，以如此積極的方式去創造與體驗自己想要的；而當能量凝聚於人身時，你們就擁有了這樣的特權。

當一個人吸食毒品或濫用藥品，將造成自身能量場的破洞；而當你們本自具足的能量場破碎，將容易吸引一些你們所謂的外靈前來。而衆生們爲何覬覦這具肉身呢？因爲人身可貴啊。肉身是珍貴的行動載體，它們是能夠用來實現與體現你所渴望經驗的珍貴工具。

所以珍惜你的身體，珍惜你擁有這副肉身的體驗，並利用這個機會有意識地創造你眞心渴望的體驗。

當你能夠毫不浪費的運用你擁有這具人身的機會，那麼，當你離開這副身體的時候，你們稱之爲死亡的體驗也將絕頂美妙。

充分享受生死波浪的祕訣，是你無須擔憂死亡會如何，而是專注於如何耕耘你的生命，讓其長出你想要的果實。專注於如何播種與養護你的福田，如何讓你自身這塊福田長出有益的花果樹木，滋養自己，滋養他人，滋養天地萬物。

§

停止內在的戰爭

批判是二元對立頭腦的產物，批判在你們次元的重要性在於讓你們撥開迷霧，看見眞相，以活出自己的眞理。因爲有些限制你們活出自己眞相的權威，需要你們能以穿透迷霧的智慧，去穿越它們對你們的掌控。

而當你能穿越迷霧去看見眞相，批判是自然而然不需要的武器。

當你需要武器，意味著你還需要戰爭。而眞相是不需要戰爭。因爲眞理是一，而不是二。

這個一不是獨裁的一，不是限制的一，不是非黑即白的一。這個一不是專制的，而是包容的，是包容所有的一，是海涵所有矛盾與衝突的一，是囊括所有不和諧的和諧。

當你是包容的一，你的心中將不起批判，因爲批判是二元對立之物。

這裡要給出的提醒是：善用你的武器，如果你還在活出自己眞理的道路上。但知曉你其實並不需要任何武器，因爲眞正的戰場並不存在。

戰場是你們爲自己製造的無明，但這個無明有時候是需要的；因爲你們會透過混亂來讓自己活出清明，透過戰爭來讓自己體現和平，透過種種的非我來體現我。

當你心中有批判，問問自己：「爲什麼我需要這個批判？這個批判來自哪裡，並將帶我到哪裡？」這個叩問將引領你回歸內在的本心。

你無法以命令的方式讓頭腦停止批判，頭腦裡的嗡嗡作響，不會因爲你的命令就停下來。因爲批判是頭腦的程式，解除程式前要清楚地知道，你爲何有這個程式？你還需要它們來幫助你看見眞相與活出自己嗎？還是批判已造成你內在無止盡的痛苦，與你周遭世界的戰爭？

讓頭腦安靜下來的方法，是穩穩立足於你的內在之源，看見批判正在產生的作用，思考並體會這個作用對你的意義，然後輕輕放下它們。

不需要用命令的方式對頭腦的噪音吼叫，而是在校準內在之源的基礎上，安靜地看著它們，並允許它們安靜下來。你內在的噪音有時候並不是它們不願意安靜，而是你不允許。爲什麼呢？因爲你還緊緊抓住對戰場的需要，不願意離開。

§

不是去成為喜悅的人，因為你本來就是了

觀音不僅是聞聲救苦的能量，觀音也是喜悅的能量。喜悅來自於你穿越痛苦的荊棘所自然開出的玫瑰。

痛苦並不存在，而只有關於痛苦的體驗。這麼說並不是漠視你們的痛苦，而是要提醒：你們如何看待痛苦的觀點，將幫助你超越或者沉溺痛苦。

如果你視痛苦爲眞實的，那麼你如何能超越？因爲你視爲眞實的東西，會擁有你賦予它們的力量。而你視之爲虛幻的東西，你自然能透過你自身的眞實去穿越。

痛苦的體驗，就像是你們觀賞電影中的情節，只是主角是你自己。

你體驗痛苦，有時候是因爲在那個當下，你需要痛苦的體驗來協助你進步、改變、修正，或者重新做出選擇。

痛苦的體驗也在於，當你們將痛苦視爲眞實的，而讓自己缺乏力量去穿越。固著的觀點，將使你們無法穿越你正在體驗的現象。

你可能受傷了，身體的傷口令你疼痛難受，但你不一定需要爲此痛苦。事件的發生與你的感受不一定是單向連結，你可以透過錨定於不同意識，而對同樣的事件有著截然不同的觀點與感受。

而覺醒是什麼？覺醒是能有意識的選擇你想觀看的視角。你不會覺得自己是沒有選擇的，覺醒會帶給你選擇。去看見你的選擇，將引領你的體驗，你是自己生命的創造者。

觀音是協助你活出喜悅的能量。事實上，當你們剝除了關於痛苦的幻象，喜樂是自然而然湧出的泉水。

貪嗔癡，欲望與執著，恐懼與忌妒，都造成了你們人生的痛苦；然而痛苦不是不需要的或者壞的，因爲有時候，你們正是透過痛苦來讓自己提升、前進、成長，與超越。

痛苦或者喜悅本身並無好壞，差別在於痛苦是假的，喜悅卻是眞的。

痛苦是你的觀點與選擇，喜悅是你本來如是的品質。你不需要做什麼就能成爲喜悅的，這與你擁有什麼沒有關係，與你是什麼社會身分沒有關係。喜悅沒有但書，喜悅是本來如是的存在。

觀音聞聲救苦，因爲苦本來就不存在。

觀音的慈愛是爲你點亮一盞明燈，讓你看見黑暗的虛無。是爲你抹去一片塵埃，讓你看見你本是明鏡。是引領你走向更高的階梯，看見更廣闊的風景而不是執著於你以爲的片段。

聞聲救苦的重點不是苦，而是喜悅。

痛苦是頭腦的遊戲，是你的判斷、成見與期待。破除痛苦不是去處理事件本身，而是去面對與轉換觀點。

當然，如果你今天腿骨折了，你還是需要去看醫生，合理的照顧你的物質身體；但骨折這件事的發生是否會讓你痛苦，取決於你的觀點。

你是不斷究責他人，譴責自己，或者允許自身繼續沉溺於無止盡的自怨自哀？身體的痛不代表你的苦，身體的痛或任何感知，都在於提醒你去珍視與保護你在此生的飛行器。身體的飛行器之所以受損，總是有寶貴的訊息要給你，重要的是讀取並了解這些訊息的意義，你就能以正確的方式，回應你身體的各種狀況。

痛苦是頭腦的把戲，喜悅卻是屬於心的。喜悅不是頭腦的糖果，那些短暫的受到刺激的短線迴路。喜悅是安住於你內心的品質，是錨定於自身中心的自然體現，是生命的芬芳，由內湧現於外。

不是去成爲喜悅的人，因爲你本來就是了。

請憶起你內在的喜悅本質，憶起你本來是誰，因爲一個眞正知道自己是誰的人，不會被旅途中的風景所迷惑。

風景可能可愛或可怕，可能帶給你各種驚奇與體驗，那都是好的。因爲這個過程本來就是來讓你來體驗與享受的，無論這個過程是什麼，都是用以滋養你的生命。

你們是有能力轉化現象的創造者，但是你們卻沉迷於旅途中的現象，忘了你是來體驗，而不是來沉溺與執著的。

而當你眞正知道自己是誰，你由心輪連結頂輪之間的光之通道會爲你引路，讓你能以喜悅的品質，超越旅程中的一切幻象。

§

你不需要擁有，就能活出圓滿

孩子不是你的財產，你的丈夫或妻子不是你的所有物，你的員工也不是你的資產。任何你以爲屬於你的，都不屬於你。

「擁有」這個概念本身就是虛妄的，但我們了解你們需要安全感，來保障自己從來不曾能夠眞正擁有的人事物。然而那是企圖穩固風中樓閣，企圖掌握海市蜃樓的徒勞無功。

這種試圖在不確定中確定，在不穩定中嘗試透過框架穩定，看起來似乎是浪漫的以小博大，然而眞正的浪漫，是懂得在虛空中與虛空共舞。

安全感的需求是小我心智，並不是說小我是不好的，這是我們要釐清的觀點。你們以爲「小我」是不好的，「高我」看起來比較好，但是一切的設計哪有什麼好或不好？它們就是存在。而眞實，就是承認與接受這些存在，並且不帶有任何關於好壞的評判與偏好。

小我之所以存在，因爲小我是重要的引路人，讓你看見你自身的渴望、欲求，與你需要完滿與平衡之處。

小我有關鍵性的角色，讓你知道你如何走上你未竟的旅程。而旅程永遠是未竟的，正如同修行與進化之路永不停止。

對於不曾擁有之物產生的執著，完全是小我的遊戲。而小我爲什麼要這樣引導你，讓你們覺得你能擁有，但事實上是你不能眞正擁有的呢？那個祕密的關鍵是：你想要試圖擁有的驅力是因爲你自覺不完整，而你想要透過對於外在人事物的擁有，來填補你對於不完整的感受。你覺得你自身是無根的、漂浮的、無法落地的，所以你試圖透過擁有的感受，來錨定自己。

但是孩子啊，在沙中蓋城堡或在大海裡撈月亮，聽起來或許是浪漫的，但這是偏見，而偏見將讓你們迷路。

你們可以迷路，因爲這是被允許的過程。迷路沒有問題，生命的過程也歡迎你們透過迷路，去找到你應該走上的道路。

問題是執著於迷路，而遲遲忘了回家。

觀音的能量在於引領你回家，而回家的祕訣是去看見你不能透過擁有而完整，你不能透過擁有而安定你自己，這是無效的路徑。

你可能因爲擁有，而有暫時感到快樂的錯覺，但那畢竟是錯覺。當這個錯覺被打破或被挑戰的時候，你們會承受更大的痛苦，因爲你始終無法接受什麼才是眞實。

眞實是你不能擁有什麼，而且你不需要透過擁有來讓自己變得完整與安定。完整是當你放棄對外在的追求，轉身向內會看見的風景。

安定是你不再汲汲營營追捕與拼湊那些破碎而會看見的圓滿。當你心中圓滿，你就會安定。而圓滿無關乎你的擁有，只關乎你是誰。

你不需要任何「擁有」就能活出屬於自己的圓滿，這份圓滿不需要跟任何人比較，也沒有任何參照點，它們就是你內在的品質，你自身的光，你能夠自己去完成的東西。

§

健康是接受無常的變化，並與無常共舞

健康，不僅是你的物質身體能夠充分與流暢的運作，健康也是你能以你渴望的方式駕

駛你航行於這個次元的飛行器，而這有賴於身心靈的通力合作。

你的身體是專門爲你打造的飛行器，它們不僅是一具肉身，它們是爲你量身訂製的身體，一切呈現你身上的，都是最完美與最適合你的造化。即使是你們認爲的殘疾或者疾病，也是你在更高意識上同意的配備，因爲這個配備有它們需要引領你進行更深刻探索的東西。

如果肉身是虛幻的，那麼呈現於肉身上的疾病當然也是，但是虛幻的並不代表你不需要照顧它。而對於虛幻的理解是：體會飛行器是幫助你能夠在這個世界好好運作的工具，但它不是你。你是超越於肉身的更高意識，你是充滿力量的神聖智慧，而能夠去引導飛行器的飛行。

當你有視身體爲虛幻的認知，你就能與身體保持很好的連結。一方面你需要好好照顧它，讓你的飛行器能夠以最佳方式爲你所用，因爲身體之中隱藏了許多你能夠走向覺醒、解脫束縛的密碼；另一方面，你不會投注無明的執著於你的身體，你不會讓身體成爲你無法揚升與活出輕盈的牽絆。

視身體爲眞的，視身體爲自己，那麼你的執著將造成你的阻礙。而視疾病爲眞的，你將賦予疾病力量，讓它們更有權威去控制你。

對於身體保持覺察的距離，是我們說身體是虛幻眞正的用意。當你能站在更高維度來看待身體，你們就能夠眞正看見這具載具確實就是虛幻的道理。

同樣的，健康的概念也是。健康是一個身心靈都能夠和諧運作的平衡狀態，而狀態總是浮動與無常的，眞正的健康就是接受這些無常的變化，並與無常共舞的自然與自在。

珍惜你的身體，無論它們是什麼樣的狀態，那意味你能尊重飛行於這個次元的載具，並善用它帶你到任何你需要到達的地方。如果你想攀登喜馬拉雅山，但是你卻不訓練你的腿力與肌肉，那麼這個宏大的心願將無法實現。

對於身體的智慧是接受無常與變化，並以虔誠的關愛來照顧你的身體，這包括傾聽身體的訊息，而這是你們都能做到的，只要你願意傾聽並且安靜下來。

你們可以透過生機飲食攝取適當的營養，充分的運動來照顧自己的身體，這當然都是非常好的。但別忘了，身體是飛行器，是誰在控制飛行器呢？是你啊！

是你的心念與意志，是你的靈魂。所以好好照顧你的心與靈魂，對你的健康也是同等重要的。你要飛行器飛得高，你的心必須是輕盈的；你要飛行器能飛得遠，那麼你的靈魂必須知道它的方向。

當你有志於成就的，是高出於你個人小我心智的欲求，那麼你的心念會爲你的飛行器加滿油；因爲你的靈魂知道你需要這副載具支持你的意念去行動，去創造，去顯化。

§

你就是自身的權威

如果你的慈悲裡還有犧牲與委屈的感覺，那麼這不是眞正的慈悲。眞正的慈悲，是你的付出裡是全然的喜樂。

你們需要知道的是：你所付出的其實都會回到自己身上。宇宙至上意識透過你們的分離來體驗，透過你們的體驗又再度圓滿與壯大自身的創造。而你們身爲宇宙至上的一部分，你自己就是你自身創造的源頭；所以無論你今天所付出或所表達的是什麼，都終將回到自己身上。

你是多次元的存在，你今生今世所爲不僅影響這個生世的你，也是無數生世的你，看看你們是多麼有力量的存有！你能夠不珍惜與看中自己的能力，去創造與行動你眞正渴望的嗎？

你的頻率引領你的行動，而你的行動將進一步形塑你的頻率。你的每一個起心動念都在鋪陳你的旅程，引領你走出自己的道路。

抱怨就是漠視自己的力量，因爲你能創造，你能改變，你能行動；那麼爲什麼要抱怨呢？

眞正的智慧是看見你永遠有力量去創造你想要體驗的，這無關乎現象，而是你內在的體驗。當你內在的體驗是喜樂與圓滿的，外境所示，也會朝著那個方向演化。

如果你傾心於看見問題，問題當然會成爲你生命中的焦點。然而如果你能看見的是機會，是成長，是無限的可能；相信我們，作爲充滿力量的智慧存有，你們能透過看見來創造，透過創造來體驗，透過體驗去成爲，成爲那個你本來就是的。

這一切很美妙，不是嗎？因爲眞相是：你們不是命運的魁儡，不是世道的受害者，你擁有翻轉一切的資源與能力。而重點是，你是否看見並敢於運用它們。

在長期的歷史中，你們被教導你是不可能的，你是沒有力量的，但那是一派胡言。你被教導你的救贖需要透過外力，透過自外於你並高於你的，但那不是眞相。

眞相是你自己就是力量，覺醒是看見你就是自身的權威。

而正是因爲你是有力量的，所以有覺知的使用你的力量來創造你渴望的體驗。覺知地看見你的慈悲、你的付出、你的表達，是否都出於你內在的圓滿，還是小我的欲望與躁動。

出於私人欲望的行動，將引動並帶來充滿各種欲望的結果。這無關乎好壞，這只是能量顯化的自然。

如果你期待的結果是良善與正義的，那麼，你的起心動念就必須是輕盈的品質。如果你期待你的關係是基於愛而不是恐懼，那麼你對關係的思索就不僅是需要，而是凌駕於需要之上的成全與祝福。這份成全不是犧牲，而是透過關係，讓彼此都活出完整的圓滿。

§

覺醒是「就在這裡」

覺醒不是到西方極樂世界，覺醒不是到哪裡，覺醒是「就在這裡」。除了這裡，沒有別的地方。

覺醒就在當下。

時間是虛幻的，因爲時間僅是這個次元的現象，不是眞實的。你以爲你要到哪兒呢，那是把希望與可能性寄託於未來。但是你的希望不在未來，你的希望就在你所處的此時此刻。

任何你覺得未竟的，不是要等到未來的某一天才去完成；任何你覺得渴望的，不是等到未來的某一天才去實現。任何你內心眞正想要表達的，現在就是去表達、去圓滿的最佳時機。

「現在」是你們立足於這個次元唯一眞實的時刻，即使連這個眞實，也僅是情境式的眞實；但是它是相對眞實。那意味著「當下」才是你的能量眞正應該投注之所。

將能量放在過去是作夢，放在未來則是將小石頭投入大海。在你的當下努力，在你的當下耕耘，在你的當下就醒悟、就解脫，即是覺醒之道。

事實上，西方極樂世界或者天堂，都不是置外於你們的遙遠之地，它們近在咫尺，它們就在你之內。

你當下的釋放、解脫與自由，就能引領你即刻體會你內在的天堂。它們就在你之內啊，我們的孩子。

向外尋找是在夢中作夢。在夢中作夢的目的是爲了讓你們體驗，而體驗的目的，則是爲了讓你們回家。

體驗很好，當你們乘著各種願望而來，那麼就在體驗中好好玩，好好實現你的各種願望。但是不要忘了回家。

而「回家」的鄉愁，正是引領你回到內在本源的召喚。你們有的人或許在心中，一直有著與這個世界格格不入的感覺，請不要懷疑你內在的感受與直覺的引領，是時候，更傾聽這份內在之聲的召喚。

與世界格格不入的感受，這個召喚並不意味著要你離群索居、遠離人群、背離現在的生活。而是提醒你，是時候爲自己創造更高的版本，以符合你內心渴望的實相。

那是體現更高頻率的震動，而不是假裝自己符合這世界主流的頻率去生活。請勇於傾聽內在的召喚，然後實踐它們。

覺醒不意味你必然行動那些你們所謂修行的工作，覺醒是當下的了悟與解脫，是你當下的自由。而這種對於生命寬闊的理解，如果能體現於你的生活裡，你就在實踐覺醒之道。

一個人的平靜，將帶給他周遭方圓百里的平靜。一個人的光，將照亮他四面八方的黑暗。一個人的愛，將流淌於一畝田，甚至一座城市。

因此，你個人的覺醒不是只有你個人的，而是集體的覺醒。荷光者意味著你看見自己的光，你不僅閃耀自己，也致力於照亮他人。而你致力於活出的圓滿，也在成就集體的圓滿。

§

好好生活就是通往覺醒的階梯

「好好生活」這件事看起來如此平凡，卻是你實踐覺醒之道的不二法門。

活出覺醒不是要去深山僻靜，要遠離人群，要割捨所愛，要棄絕世俗。覺醒不是要你放棄什麼，而是要幫助你看見根本沒有什麼要放棄的，因爲你眞正需要的都已經在你之內，你本是具足圓滿。

你能同時享受世俗的一切，你的工作事業、你的財富金錢、你的人際關係，任何你熱愛的一切。因爲究竟而言，有什麼不是通往靈性的階梯呢？

對於世俗與靈性的劃分是人爲的頭腦，而眞實不是二元對立的。世俗就是靈性，靈性也是生活，它們是同一件事的不同切面。

所以，當你在畫畫，你對於當下的絕對投入與全力以赴，畫畫的行動就是你的覺醒之道；當你在歌唱，你若傳遞的是你的心之音，並帶來更寬闊與更輕盈的影響，那麼，歌唱就是你的覺醒之道；你若是一名廚師，你以愛烹煮的美食佳餚，若能爲饕客帶來安慰與滿足，那麼烹煮的行動就令你走在覺醒之道。

無論是你的工作、你的感情、你的家庭、你的人際關係，方方面面無不是如此，無不是你可以在日常中力行的覺醒途徑。

不是僅有透過傳統的，你們以爲的修行方法，才叫做靈性的作爲。事實上，當你在任何人事物上都致力於活出更高的秩序，都以更清明的意識帶來更高的震動，讓愛與光的能量能夠透過你而更寬廣的傳遞，那麼這些行動本身，就是體現覺醒之道。

摒棄什麼是世俗、什麼是靈性這樣二元性的想法。這個時代允許你們以更多個人的想像去定義並致力於活出你是誰，你渴望的版本。

無論你從事的是什麼行業，做什麼工作，受什麼樣的教育，無論你的世俗身分是什麼，你都能夠是自己生命中的覺醒大師。

這一切有賴於你對於生命的向內探索能夠走得多深，你有多謙卑於允許生命是無限，而你也是無限的事實。有賴於你有多大的信任，去看見你內在波瀾壯闊的偉大，並勇於活出它們。

「好好生活」就是路徑。盡其所能的活出你的最高版本，你就在完滿這一個生世的進程。無須和他人比較，專注於自身即可。芍藥與風信子各有花期，你們要專注的只有自己的盛開。

覺醒不是比賽，無須比較。覺醒需要你的專注，專注於自己。

§

是時候醒過來

觀音是致力於召喚你們醒過來的靈性團體，因爲當你們有更多人能夠醒過來，從昏睡無明的狀態中甦醒，轉換意識成爲更清明與醒覺的，那麼，地球才會可能集體性的揚升。

我們是多次元的存有，長期守護地球生靈，我們誓願於提攜你們的醒覺意識，因爲你們的覺醒也是我們的，你們的覺醒也是集體的覺醒。

昏庸無明是你們可以選擇的狀態，因爲這正是地球這個次元所賦予的權利。但我們現在要召喚更多人醒過來，因爲是時候打響警鐘，呼喚志同道合的朋友，匯集更多力量，讓揚升的計畫能夠盡速實現。

更新與變化是宇宙的常態與必然，而覺醒之道其實是一條捷徑，它引領你們不再迷路，不再沉溺於已然重複了無數次的人世劇情，回歸你清淨的本源。然而，即使這個本源也並不是終點，而是這個階段需要完成的里程碑。

事實上，宇宙的進化沒有終點，一切都在無盡的前進、後退、爆發與重組。一切無不在更新的過程，而現在正是更新的重要時刻。

我們邀請你加入我們，事實上當你看到這則訊息，你的靈魂已然應允了這則邀請。這是一個關於覺醒的邀請，邀請你在你的生活裡眞誠的活出自己，展現眞實，並允許他人也活出他們的眞實。

有意識的錨定愛的頻率，有自覺的讓自身成爲愛的引擎，激勵與行動更多愛的行動。並且有意識的看見什麼是眞相。不要被外在的權威所愚弄，而交付自己的眞實。

不要人云亦云，不要弄假成眞，不要著迷於假象，即使他們看起來很逼眞。在改變的關鍵時期，會有許多故弄玄虛的現象，然而當你內在是清明與純潔的，你自然能夠辨認眞正的眞理是愛與光，而不僅是展現爲某種外在的力量。

那個辨認的重點是：那個力量是否是慈愛的行動？那個力量是否是基於恐懼？那個力量是否能讓你感覺更平靜，還是激起你更多的比較與競爭？

眞神不會叫你交出你們的力量，祂們也不會需要你的崇拜與臣服。有意識的在各種混亂的現象中保持醒覺，你不會迷失。

§

憶起覺醒的道路

覺醒的道途需要多種創意，不要拘泥於線性的想法，而是要開放多元的各種可能。

解鎖你覺得自己不可能的，多去嘗試。因為你的靈魂已經應允了通往覺醒的道路，你只需要時時在心中憶起。你的憶起，會指引你走上你該行的旅程。

宇宙的大爆發也呼應了你們個人內在的大爆發，然而這個大爆發都僅是自然的過程，是在更高計畫中的美妙安排。臣服的意義在於欣然接受自己是這美妙變化的一部分，並在這個接受中完滿自己的道途。

而如何完滿？就是全然的生活，全然的愛，全然的享受，全然的體會，而沒有未竟。

在所有你全然的體會與行動中，圓滿會自然湧現，而那個圓滿也將會是美的。

覺醒也是活出美的道路，這份美是超出你的皮相與肉身，是你生命能量的品質，是你的結晶如此璀璨閃耀。

這份美不是因爲向外追求，而是透過你內在的累積與清理。累積智慧，累積美德。清理通道，清理業力。成爲通透的人。

通透而能輕盈，輕盈你就自在。

自在是無論你走在五光十色的城市或者寂靜無聲的鄉野，它們對你而言都是一樣的。無論是身處天堂還是行經地獄，也沒有任何差別。因爲你已全然成爲自身命運的主人，任何情境對你而言都將無損無染。

你在哪裡都自在。你自由了。

與觀音連結

連結靈魂之星脈輪

靈魂之星脈輪位於頭頂約三十公分左右，它顯示了我們的眞實本質：我們並不是我們的身體，我們比我們的身體更大更宏偉。而脈輪的數目，其實也遠超出了我們以爲的七大脈輪、九大脈輪，或十二大脈輪。脈輪的數量是無限的。

靈魂之星連結頂輪與星系門戶，透過此脈輪，我們能與至上意識連結，接引本源的浩瀚無垠。而當我們能一瞥本源之愛的深廣，即能體驗「回家」的合一。

有趣的是，連結靈魂之星的關鍵也在於我們是否能與地球之星脈輪連結。那正是物質與靈性的合一。如其在上，如其在下（As above, so below）。萬事萬物相輔相成，一體兩面。

而回家的道路不在遠方，回家的道路近在咫尺。這是觀音的邀請，邀請你現在就轉身向內，安住於當下。

因爲生活就是你的專屬道場，你所遇之人就是引領你的師父，而生命本身就是最偉大的練習。親愛的，你已經在路上。

連結練習

有多久，你沒有赤腳踏在土地上呢？這個練習邀請你親炙土地，並由你立足之處，向上與向下延伸。

✧選擇一個你可以赤腳踏在土地上的空間，感受一下當你裸足與大地接觸時，你有什麼感覺？請在這裡，安靜感受一會兒。

✧深呼吸，將氣息飽滿的吸入你的腳底，向下延伸直到地球之星脈輪。感受你連結了蓋亞的愛，接收來自蓋亞女神滿滿的滋養與支持。

✧帶著來自蓋亞的祝福，將能量往上推，再次穿越腳底，向上延伸，通過你的海底輪、臍輪、太陽神經叢；向上連結心輪、喉輪、第三眼，然後來到頂輪。

✧順著這股能量流持續向上，直至連結你的靈魂之星脈輪。

✧感受靈魂之星的脈動，觀想璀璨的光芒在頭頂上旋轉。感受你已經連結了物質與靈性，連結了你之下與你之上，你就是那個消弭世俗與精神二元對立的載體，感受一切萬有就在你之內。事實上，一切早就在你之內，而你現在能夠憶起。

✧念誦以下禱詞：

「親愛的觀音，祈請你的神聖恩典，
引領我回到神聖的內在之家。
我安穩立足於此時此刻，
我是永恆的神性火花，
我連結了內外與上下、左右與四方，
我是無條件的愛，
我是本質的平靜，
我是那我是。

我回家了，
已經回家。
以上所求，皆已如願。」

✧再次深呼吸，靜靜感受你與自己完全同在，並同時與更大的存在同在。

是的，你在浩瀚無垠的宇宙中，浩瀚的宇宙也同時在你之中。你是神性於人類化身的顯現，神性也因你的顯化而持續擴張祂的創造。

你感覺回家了，而其實你一直在家。這個返家的旅程就是覺醒的旅程，看見自己始終在這裡。

愛你們，獻上祝福。

結語

女神覺醒之路——第九位女神

親愛的：

謝謝你讀完八位女神的訊息，並完成八項關於連結女神與脈輪的練習。請感覺所有篇章中的女神們，都已經在你之內。

你擁有女戰神杜爾迦的力量，也擁有哈索爾女神溫柔的滋養；你是愛西斯女神明晰的智慧，也是綠度母慈悲的行動；你是蓋亞的豐饒與接納，也是卡利女神狂野的眞理；你領受聖母瑪利亞無條件的愛，也承接觀音爲你灑落的覺醒甘露。

於是你能安穩地腳踏大地，頭頂蔚然生花。你匯集了女神們的智慧，在內在生出了屬於自己的女神。

是的，你就是第九位女神。你傾聽宇宙神聖智慧的指引，然而你才是你內在的權威。

親愛的，請信任你的內在就有足夠的智慧，能因地制宜地去選擇你想要使用的能量品質：是陰性的接納，或陽性的進取；是充分的接地氣，還是連結宇宙本源；是女孩的天真，或女人的成熟。你能自由決定。

女神力是知曉一切都已在你之內。經過清理、更新、蛻變與整合的過程，熠熠閃耀你內在的神性。

女神力是知曉你是充分的。你是值得的。你是愛與被愛的。你是豐盛的。你是有力量的。你是自由的。你就是無限可能。

請為自己的蛻變喝采。請持續允許生命的進化與更新。請憶起你本來如是的光，並分享你的光。你就是自己獨一無二的女神。

每當你照鏡子，請對鏡中的倒影致敬。並透過活出自己真心相信的，禮敬你內在的女神力。而對眞實的時時校準，將為你的女神力持續增添光彩。

是的，我已經看見閃閃發光的你。

獻上祝福。

謝辭

這本書能夠付梓，要感謝所有女神們慷慨的恩典。這份恩典是當我澄淨自己，訊息即如同甘露般汩汩灑落，謝謝祢們選擇了我，讓我有機會貢獻自己。

謝謝我親愛的總編輯慶祐，這份久別重逢的懂得與支持，我一直深深感激。

謝謝親愛的編輯淑蘭，有妳在我就放心。請多照顧自己，你值得給自己全然的愛與慈悲。

而此書中的女神圖稿，都得力於 SuSu 的才華與耐心。女神愛妳。

謝謝爲此書撰寫推薦序的徐董，你外顯於世界的豐盛，其實是因爲內在的智慧。

謝謝掛名推薦的坤儀，妳自嘲是地方媽媽，但其實是擁有超能力的太陽女神。

謝謝衍舞老師的信任與溫暖，當妳還不確定我到底寫什麼的時候，就答應爲此書推薦。

謝謝「Hey 靈魂有話要說」的 Ivy，很幸運因爲靈性訊息的分享，而能與妳這美好的靈魂相遇。

也謝謝在此次人類旅程中接引我的母親，謝謝妳始終如女神般照顧我與滋養我。

謝謝寶貝 Clementine 與 Anabelle，因爲妳們的存在，讓我更有力量全然活出自己。

最後，謝謝所有在靈性成長旅程中以愛照見彼此的老師、學生、個案、讀者，與交會過的人們。謝謝你們讓我有機會點亮並分享自己手上小小的燭火，如果那微光曾經映照過你，便是我的歡喜。

女神覺醒之路

連結女神能量與神聖宇宙共振，透過脈輪練習，活出內在的豐盛與覺醒

作者　Josephine 90 分
內頁插畫　蘇珮儀
選書　陳慶祐

編輯團隊
美術設計　Rika Su
責任編輯　劉淑蘭
總編輯　陳慶祐

行銷團隊
行銷企劃　蕭浩仰・江紫涓
行銷統籌　駱漢琦
營運顧問　郭其彬
業務發行　邱紹溢

出版　一葦文思／漫遊者文化事業股份有限公司
地址　台北市 103 大同區重慶北路二段 88 號 2 樓之 6
電話　(02)2715-2022
傳眞　(02)2715-2021
服務信箱　service@azothbooks.com
網路書店　www.azothbooks.com
漫遊者臉書　www.facebook.com/azothbooks.read
一葦臉書　www.facebook.com/GateBooks.TW
發　行　大雁出版基地
地　址　新北市 231 新店區北新路三段 207-3 號 5 樓
電　話　(02) 8913-1005
訂單傳眞　(02) 8913-1056

初版一刷　2025 年 6 月
定價　台幣 420 元
ISBN　978-626-98922-8-0

國家圖書館出版品預行編目(CIP)資料

女神覺醒之路：連結女神能量與神聖宇宙共振,透過脈輪練習,活出內在的豐盛與覺醒/Josephine 90分著. -- 初版. -- 臺北市：一葦文思, 漫遊者文化事業股份有限公司出版；新北市：大雁出版基地發行, 2025.06
288面；17x23公分
ISBN 978-626-98922-8-0(平裝)
1.CST: 靈修 2.CST: 心靈療法
192.1　　114006310